李 浩

陕西靖边人，长江学者特聘教授，现执教于西北大学中国文化研究中心暨汉唐文学研究院。著有学术著作《唐代关中士族与文学》《唐代三大地域文学士族研究》《唐代园林别业考录》《唐诗美学精读》等。

李浩作品系列

《课比天大》（增订版）

《行水看云》

《怅望古今》

《马驹：道一传灯录》

《流声：中国姓名文化》

课比天大

（增订版）

李浩 著

生活·讀書·新知 三联书店

图书在版编目(CIP)数据

课比天大/李浩著. —增订本. —北京：生活·读书·新
知三联书店，2017.9
（李浩作品系列）
ISBN 978 - 7 - 108 - 06011 - 2

Ⅰ.①课… Ⅱ.①李… Ⅲ.①高等学校-课堂教学-教
学研究 Ⅳ.①G642.421

中国版本图书馆 CIP 数据核字(2017)第 137051 号

责任编辑　王秦伟　徐旻玥
封面设计　刘　俊
责任印制　黄雪明
出版发行　生活·讀書·新知 三联书店
　　　　　（北京市东城区美术馆东街 22 号）
邮　　编　100010
经　　销　新华书店
印　　刷　江苏苏中印刷有限公司
版　　次　2017 年 9 月第 2 版
　　　　　2017 年 9 月第 2 次印刷
开　　本　880 毫米×1230 毫米　1/32　印张　9.625
字　　数　140 千字
定　　价　46.00 元

自　序

　　我是一个慵懒散漫的人,除了专业写作上不能随意腾挪跳动外,非专业的涂鸦总喜欢率性而为,不愿把自己捆绑起来。此次以大学教育为话题,积数年时间,反复切磋讨论,披阅增删,辑成一编文字。对我而言,既是一次曲折的跨界旅行,又是一番新的艰辛跋涉。

　　从纯粹数理的立场来看,两点之间直线最短,也最经济最省力最划算。但我们的生命本身就是个绝大的例外,我们从来就没想在生死的两个端点间取直线,也不想在这方面取巧,而是尽量抵抗直线,尽量模糊目的,尽量死乞白赖,寻求各种可能性和各种叫做机遇的意外,延宕生命大限的到来。甚至目的和结果完全被模糊被消解,完整地经历并体验过程,上升为生命的意义和目的。这可能是对唯理主义的极大嘲讽。

　　所谓的跨界,是因为这是一次非专业的叙述试验,主要缘于我的学术背景和专攻方向。近三十年来,我主要混迹于古典文化领域,比较有心得体会的也仅仅是中古隋唐的文学文化。对于教育学领域,虽向慕已久,但一直是敬而远之。很多年前,曾就隋唐寡母教孤、柳宗元家族教育等撰写过几篇小文章,为了应付课题进行恶补,急用先学,饥不择食地吞读过一丁点教育理论的著作,想立竿见影,但大多未能派上用场。后来还试图进一步将战线扩大到唐代士族教育与文学的课题,但已深感力有不逮,相关研究迄今未能终结。

当然,我从大学毕业后一直在大学工作,也一直没有脱离教学科研,还曾兼做过十年院系业务管理工作,现在仍兼一点学校管理工作,分管的就是本专科教学和学生事务,整天和老师同学厮混在一块。所以,教育圈以外的朋友看到我这样貌似坦诚的表白,恐不认为这是一种自谦,而视作一种矫情,一种乔装文饰:你教了半辈子书,从没有跨出过校门,写一点关于大学那些事的散碎文字,竟还厚着脸皮说是跨界?你本就是教育圈中人,还扭捏作态,你跨的什么界?

遇到这样的难堪情景,我想辩解真的可能很苍白,也真的说不清楚。自己就仿佛那孙猴子,又是翻筋斗,又是变鬼脸,腾云驾雾,移天缩地,以为到了爪哇国以外的什么快活去处了,正自鸣得意着呢。但抬头一看,前面矗立着五根肉红色的柱子,原来还在如来的手掌中,并没有逃出那个"神马"的界。

本书的言说方式倒是有些跨类。按照我的肤浅理解,文化文学类随笔,应尽量个性化,尽量与已有的类型拉开距离。你飘洋过海,甚至星际漫游,只要有心得,走得越远越好;如欲作教育学的课题,则应尽量用史笔,尽量中性化、数据化、图表化、模型化,尽量超越个人的感受,拿捏好语气,客观平和地叙述。而我则主要采用了以随笔方式叙述教育的话题。这种迹近"混搭"的表达，对肃穆庄严的教育学可能略显不敬，也未必能获得大家的认可。于我而言，包含着几分无奈，也包含着几分执着。想想我们教育史上的经典，《论语》不过是对话语录体，《礼记》中的《学记》《中庸》也都不是什么鸿篇巨制。以传道者自居的韩愈，有关教育的几篇大文章《原道》《原人》《师说》《进学解》，竟长期被辞章派误作经典散文来追摹，让这位在道学上自视颇高的老先生情何以堪？这样看来，言说方式其实并不是一个最要紧的问题。

唯一感到欣慰的是，本册中讨论的话题，都是当下大学，特别是中国大学教育中的一些真问题，有些还应是一些重大问题（也许别人会认为是假问题、伪问题，但在我心头这些都是真问题、大关节）。如大学的理念、大学的功能与任务、大学的文化、大学的传统、办学质量、办学特色、拔尖创新人才培养、学术伦理与学术规范、科研与教学、博雅教育与专业教育等等。由于中国社会转型的提速，也因中国教育发展进入了快车道，于是国际化与本土化、大众化与精英化、专精与博雅、知识与技能、德行与才学、价值理性与技术理性、人才培养的数量与质量、入学难与就业难等问题一股脑儿同时凸现出来，让在计划经济红旗下成长起来的教育管理者们猝不及防。本来是冷僻的教育专业问题，现在竟成了公共领域中烫手的热门话题，除了专门学术刊物上的严肃讨论外，公众也通过各种新媒体广泛地参与,热烈地作答,草根与底层发出了自己低沉而有力的声音。还有为数不少的教育移民,也以用脚投票的方式表达了对本土教育的意见。

今年春节期间,摇滚歌手崔健在东方卫视晚会唱道:"我没穿着衣裳我也没穿着鞋/却感觉不到西北风的强和烈/我不知道我是走着还是跑着/因为我的病就是没有感觉/给我点儿刺激大夫老爷/给我点儿爱护士姐姐/快让我哭要么快让我笑哇/快让我在这雪地上撒点儿野。"曲词、曲调与曲风都有冲击力,重重地撞着我的耳鼓。我原以为这是崔健的新作,查询后始知,当年歌坛的桀骜不驯,早已成了老歌中的经典。时光流转,让我这个乐盲感慨万端。

我听歌时竟浮想联翩,随意比附,感到自己和教育界的许多同仁亦犹如崔健所痛苦的,迎着凛冽的教育改革的西北风,我们也"志如钢和毅如铁",因为我们的病就是没有感觉。面对这些真问题与大问题,面对各方面的纷纭议论,面对各阶层的不同诉求,我们如仍视而不见,做鸵鸟状,恐有愧于纳税人的供养;如以犬儒主义的态度,装聋作哑,也不是人文学者应有的立场;如不是通过独立思考,而是鹦鹉学舌,急匆匆地重复别人说过的那些似是而非的结论,更有违于学术的良知。

于是我就尝试着自己作答。本书对相关话题的解说,也许不能说服任何人,但它至少能说服我自己。我本来就是将自己的疑虑困惑设为问题,通过写作自我求证,自我解脱,虽然早已没有了振臂而呼、引领风骚的雄心抱负，但至少希望在当下教育大争论的雾霾中自己能够找到北，能够做个学理上的"自了汉"。

从做传统文化研究的角度看，学者珍视自己的成果，希望所做研究能存得住传下来。但对本书所讨论的这些公共领域的常识科学问题而言，我倒真心希望我的认知能很快陈旧，很快落后，"沉舟侧畔千帆过，病树前头万木春"。如公众与专家对一些焦点问题很快提出解决之途，如中国大学教育能很快走向康庄大道，我愿本书的浅陋之见、陈腐之叶随流水飘去，与腐木共朽，亦幸甚幸甚。

因一时的痴贪念想心生美丽的风景，却要花三四年时间一针一线地来手工编织，五色锦背后的种种辛酸与用心良苦，快餐消费时代的大众不一定会特别在意。同为码字工、文字匠的同好们，若能发现理念上的大问题，设计上的大漏洞，或针头线脚的瑕疵，挑出来批评一番，都是对脑力农民工的最好褒奖。

2013 年 3 月于西大太白校区

目　录

课比天大

教余忆往

教坛原始

我之大学教育观

当下知识界以蜂议教育为时尚，无论是公知、愤青、草根，还是"砖家"，谈及政治、军事、外交问题还稍收敛些，但批评教育毫无顾忌，似乎每个人都可以对教育指点江山、激扬文字，故我低声说说自己对大学教育的一些想法，充其量不过是从众而已。我对大学教育的思考主要形成如下几点粗浅的认识：

一、圆整思维

圆者圆融立体，整者整体全局。倡导圆整思维是反对线性思维，建立复杂立体的思维。

线性思维认为事物间的联系是单一的、直线的、一因一果的。线性思维假设有起点有终点，有教育的开始，如胎教、学前教育、学校教育，也有教育的结束，如大学毕业、研究生毕业。但在现代终身教育的理念中，学校教育仅仅是整个教育过程的一个阶段而已。开始与结束互相衔接，形成一个圆的循环，故无所谓起点与终点，在螺旋式上升运动中，起点与终点会被淡化、虚化。

圆整思维也反对简单的进化论思维，进化论思维是线性思维在历史领域和社会发展领域的引申，喜欢把两端加以强调突显，形成简单的二元对立，即：先进与落后、革命与反动、科学与迷信、文明与愚昧、光明与黑暗。在教学科研中，如果我们对讨论的对象没有亲见亲闻，也没有接触第一手的原始资料，即禅家所谓的"铁门限"，我在另一文所讲"深入实际"（参见本书《也说"打通"》一文），而是简单化地贴标签，就不可能开展探索性学习，也不可能增进智慧。适当的分类是学术研究的必须，但推到极端也就走到了它的反面，不仅无益而且有害。进化论思维在教育领域的消极影响很广泛很深远，清理起来也很艰难。

二、超越立场

办教育要有前瞻性思维，首先要超越时间，想到五年后、十年后甚至百年后，故短期的政绩观不宜太突出。2008 年，哈佛大学校长德鲁·福斯特女士在就职典礼上说："一所大学，既要回头看，也要向前看，其看的方法必须——也应该——与大众当下所关心或是所要求的相对立。大学是要对永恒做出承诺。"著名理论物理学家侯伯宇说，他的研究成果现在看似无用，200年后才能显现出用处。教育还要能超越意识形态之争，过分强调意识形态，为当时的政治和现实服务，也会把教育及学校带向一条万劫不复之路。办教育还要超越简单的因果关系。事物间有一因多果，也有一果多因。把事物间的关系看作简单的因果报应，特别是现报，也是不妥的。

三、育人为本

学校工作千头万绪，教学、科研、学科建设、社会服务，几手抓几手都要过硬，因都有其重要性，都不该忽略。特别是那些教研型和研究型大学，除了人才培养，还承担着国家、地方和行业的许多研究任务，有些甚至是所谓的重大课题，事关国计民生。于是学校出现了课题偏向、论文偏向或科研偏向。执事者也发明了以什么为"笼头"，以什么为"抓手"，以什么为"中心"，幸亏古老的汉语词汇库里有如此丰富的近义词，可以区分开来。但衡之国内外所有名校，一个共同的特点就是把人才培养放在第一位。大师重要，是因为他可以引导教育学生；课题及平台重要，是因为它可以为训练学生提供条件。学校工作排在第一位的关键词应该是育人或人才培养，虽然有识之士不断疾呼，但中国大学对此迄今未形成共识，至于践行或落实仍然任重道远。

从这个意义上说，中国大学与世界名校相比，差的不仅仅是硬件，更多的是软件；落后的不仅仅是方法和技术，更多的是理念。而这个理念既不是多么复杂高深，又不是那么时尚新奇，仅仅是要返回本初，回到大学教育的出发点。

四、熏习树材

教育是培养学生的，但学生培养的过程不是工业自动化生产过程，不是车间里的流水线，无法程序化自动化，生产出来的也不是大批量的标准件。

人才培养更像农作物成长过程。"培养"一词本来就是借用农学和林学的术语，而不是工程学的术语。人们也更喜欢用农作物的培植、园艺的过程比喻人才成长。所谓"椒朴多材"，"余既滋兰之九畹兮，又树蕙之百亩"，"新松恨不高千尺，恶竹应须斩万竿"，"落红不是无情物，化作春泥更护花"，"十年树木，百年树人"等等，用对植物的栽种、培植、修剪、养护来隐喻人才培养。树木成长的过程一是慢，不能急于求成，做栋梁的乔木生长期都很慢，灌木和速成林中的木材仅可用于燃料、造纸，但难作构建大厦的梁柱。二是珍奇名贵的木材都是天然长成的，而不是人工培植的。所谓的熏习是给学生以环境、条件和氛围，让学生在隐性的不自觉的过程中，在潜移默化中发生改变。

五、成己立人

当孔子讲"古之人为己，今之人为人"时，是强调古代教育主要注重自我德性的提升，不断纯粹化，而今之人则仅注重技能的提升，不断精熟化。"为己"是强调个人素质品德，"为人"是强调服务社会的知识技能。"为人"没有错，但强调过度就成了职业培训，不是大学教育了。熊十力以"成己"与"成物"发展孔门的教育理论。"成己"更多地强调在教育中要发现自我，完善自我，应侧重正心诚意等修身之学，即内圣之学，而"成物"则是治国平天下之类的外王之学。只有首先自立，才有可能立人；只有首先自达，才有可能达人；也只有首先自觉，才有可能觉他利他，完成"成物"的事功。

关学人物张载的"横渠四句"中有立心、立命之说，实际上是对古代立德、立言、立功"三不朽"之说的进一步阐发。其中的立心、立命是内在的，立言、立功是外在的，介于其中，执两端而起者则是立人。人的省思自我就是立心、立命、立德；人的反观外部就是立言、立功，故教育的成己立人既是对教育的施行者而言，又是对教育的接受者而言。

六、顺天致性

出自柳宗元的《种树郭橐驼传》。种树能手郭橐驼介绍他的种植秘诀："橐驼非能使木寿且孳也，能顺木之天，以致其性焉尔。凡植木之性，其本欲舒，其培欲平，其土欲故，其筑欲密。既然已，勿动勿虑，去不复顾。其莳也若子，其置也若弃，则其天者全而其性得矣。故吾不害其长而已，非有能硕茂之也;不抑耗其实而已,非有能早而蕃之也。"他同时批评了几种错误的植树方法:"他植者则不然,根拳而土易,其培之也,若不过焉则不及。苟有能反是者,则又爱之太殷,忧之太勤,且视而暮抚,已去而复顾,甚者爪其肤以验其生枯,摇其本以观其疏密,而木之性日以离矣。虽曰爱之,其实害之;虽曰忧之,其实仇之。"传统的解释说柳宗元字面上谈种树,实际上却在影射理政治民。但从教育学的立场来看,字字句句又都在影射我们的人才培养。柳宗元正面肯定的正是理想的培养模式,批评的正是我们时下陷入误区而不知的人才培养现状。

七、乐群谐众

孔门论诗教,有"兴观群怨"之说,其中的"群"有"群居相切磋"(孔安国语)之意,已包含群育的意味。有论者谓西方文化发展的极致是对利益和个人的极端强调,而中国文化或东方文化则更强调团体、社群、社会的价值,似有些简单化(这里不便展开,容另作专论)。但当下教育特别是中国大学教育,应教育学生能适应社群,学会在社群中与大家相处,具有团队精神,则是当务之急。以国人自诩的体育为例,我们取得好成绩的项目,多为个人项目,能体现群体、团队作战的"三大球"出奇地落后,在在说明中国当代,除了强调德育、智育、体育外,还要强调群育。

　　　　　　　　　　　　　　　　课比天大

八、先识后艺

识指器识,艺原指文艺,可以引申为各种专门技术。先识后艺,即"先器识后文艺"的缩略语,出自《旧唐书·王勃传》引裴行俭的论断:"士之致远,先器识而后文艺。"顾炎武《与人书》进一步推向极致:"《宋史》言刘忠肃(挚)每戒子弟曰:'士当以器识为先,一命为文人,无足观矣。'仆自读此一言,便绝应酬文字,所以养其器识,而不堕于文人也。""绝应酬文字"似有些矫枉过正,但如满足于"艺文""文艺"或其他技艺,仅仅限于在技术理性层面打转,再精专,格局也不大,甚至连技术本身也做不好。因为中国文化认为"技通乎道",要求"技进乎道"。如此,器识才有价值理性的味道。我们教育学生以价值理性为先,先有大格局大判断大气度大智慧,然后再精熟或精通一门技艺,这样学生才有可能致远,成就大事。

九、下海从游

下海是要实践、重实践,通过实践学习。从游是指老师带着学生去实践,学生跟着老师、模仿老师实践。梅贻琦用大鱼带着小鱼游泳来喻老师和学生的关系:"学校犹水也,师生犹鱼也,其行动犹游泳也,大鱼前导,小鱼尾随,是从游也。从游既久,其濡染观摩之效不求而至,不为而成。"毛泽东用下海游泳、在战争中学习战争来指示正确的学习方法。西北大学老校长侯外庐也有类似的说法,他把让年轻人通过作专题锻炼科研能力叫做"下水游泳法"。

十、不作不食

禅宗江西马祖道一门下的百丈怀海开农禅一脉,倡导"一日不作,一日不食",即禅修者不光要修行,还要劳作。下地劳作可以养活自己,还可以在体力劳动中领悟大道,怀海禅师为寺庙制定的《百丈清规》,是最早的丛林制度。早期共产主义者为唤起民众参与革命,也以"不劳动者不得食"的口号相号召。我们过去只注意这个口号的西方出处,没注意到这个口号与古代中国文化(《史记·赵世家》:"耕事方急,一日不作,百日不食。")及与佛教文化的联系。

当下中国经济的发展使得 80 后、90 后的学生视"张口吃饭,伸手穿衣"为天经地义,不会明白不作不食这样浅显的道理,故对不劳而获的批评也没有反思。从通过体力上的劳作以养活生命、强身健体、躬行实践,到通过脑力上的劳作以开发心智、锤炼思维、缜密思想。劳动的好处不言而喻,劳动的重要性也不言而喻。这些本该是幼儿园就要知道的常识,现在则要以棒喝的方式向大学生补课。

十一、知能并重

有关中国学生高分低能的批评,实际上暗含着对学生

"知"的承认，当然这种"知"可能有些太狭隘，但有胜于无。高分不是坏事。低能只是实践少，技能弱，通过强化，可以使学生知性的认识与实际的操作两端平衡发展，并行不悖。

十二、深思明辨

《礼记·中庸》中说："博学之，审问之，慎思之，明辨之，笃行之。有弗学，学之弗能，弗措也。有弗问，问之弗知，弗措也。有弗思，思之弗得，弗措也。有弗辨，辨之弗明，弗措也。"中山大学的校训"博学、审问、慎思、明辨、笃行"，是缘此而来。复旦大学的校训"博学而笃志，切问而近思"，也与此有关。帕斯卡尔《思想录》中说："人只不过是一根苇草，是自然界最脆弱的东西；但他是一根能思想的苇草。用不着整个宇宙都拿起武器来才能毁灭他；一口气、一滴水就足以致他死命了。然而，纵使宇宙毁灭了他，人却仍然要比置他于死地的东西高贵得多；因为他知道自己要死亡，以及宇宙对他所具有的优势，而宇宙对此却是一无所知。"著名历史学家陈寅恪所倡导的"独立之精神，自由之思想"，也与此有关。

十三、汲古开新

选堂饶宗颐希望中国当代学术教育能"返本开新"，汤一介认为中国哲学的一个核心范畴是"反本开新"，北京大学中文系一贯强调守正创新，袁行霈先生为中华书局一百周年题词也用"守正出新"，可谓苦心孤诣，用意深远。我在西大文学院做管理工作时，直接借用过来，以"知能并重，守正创新"作为院训。"始于稽古，终于日新"，历史上的变革，往往始于对传统和经典的回溯与回忆。保守与创新是事物的两个方面，就犹如硬币的两面一样。基因本身有遗传与变异两个特性。保守是由事物的遗传性决定的，遗传是事物最主要的最基本的特性，所以保守或传承也是人类文明存在的基本形式，变异是基因响应外界、适应环境的应激反应方式。从这个意义上说，保守是常态，创新是变态，创新是人类文明的一种变异和变化，改变只能是也应该是局部的、个别的、渐进的。

汲古、稽古、返本、反本、守正，用辞不同，意思却相近，从教育学上看，都是强调"前喻式"学习，即向历史汲取智慧，这一点在中国貌似重视，实际上问题很多，我们看到的很多是无根之木、无源之水，所以也无法成为创新的源头。

十四、慈爱自觉

这里的慈爱即慈悲，近似博爱，泛爱。以一己之小我，自爱容易，爱他利他不易。爱手足同胞容易，爱大众不易。爱同一族群容易，爱其他种族不易。爱同道者容易，爱异教徒不易。爱人类自己容易，爱其他动物植物不易。爱自己的地球容易，爱其他星球不易。佛讲众生平等，说明佛最早倡导生态文明，是最早觉醒的环保主义者。今天国人讲和谐，虽与当年强调斗争哲学不啻天壤之别，但仅与自己的部族讲和谐，气度格局仍太狭隘。真正的和谐应该是众生的和谐。大学的教育如能激发起或培养出学生泛爱众生保护众生的觉悟心，恪守生态伦理的基本法则和底线道德，才是良好的或成功的大学教育。

十五、民胞物与

张载《西铭》："民吾同胞，物吾与也。"谓天下的百姓是自己的手足同胞，自然万物是自己的朋友。这自然不仅仅是教育的责任，但学校首先要传播这样的基本理念，要让学生既仁爱同类，又呵护自然万物。其实不仅仅是张子，历代圣贤都有这样的认知。如唐杜甫说，"穷年忧黎元，叹息肠内热"，又说"山鸟山花吾友于"。

十六、参赞化育

这个思想来自于儒家，但与道家的认识也有联系。《礼记·中庸》中说："唯天下至诚，为能尽其性；能尽其性，则能尽人之性；能尽人之性，则能尽物之性；能尽物之性，则可以赞天地之化育；可以赞天地之化育，则可以与天地参矣。"（《中庸》第二十二章）这段话很经典，但也有各种歧见。基本的意思是，天的作用是"化"生万物，地的作用是养"育"万物，人的作用是"赞"助成天地之功。三者各尽其能而融为一体，是之为

"参"。参赞化育的思想,与"民胞物与"也有联系,参赞化育是价值论,民胞物与则应该是功能论。有人说中国的教育思想缺乏形上性和超越性,实际上是教育的管理者和研究者思想懒惰,没有能找到中国文化的源头活水,更没有能从中汲取智慧。

中西大学教育史上有价值的思想很多,当然泡沫也不少。沉杂泛起,泡沫过后,下面是静水深流,清澈甘冽,沁人心脾,我们不要忙着赶路,要能放缓脚步静下心来品味。我也是一边独自汲取,一边与大家分享。

（原刊《中国科学报》2013 年 1 月 17 日,收入本书时有较多增改）

课比天大

　　耶鲁大学是著名的美国常春藤盟校(Ivy League)之一,汉学家史景迁、傅汉思曾长期执教于此。傅汉思的华裔太太、合肥张氏四姐妹之一的张充和在该校教艺术史,还有同为华裔学者的比较文学专家孙康宜也在此课艺子弟,从西安赴美的康正果在该校教汉语。耶鲁大学教授有句口头禅:课比天大。

　　2011年初春,新学期伊始,北美连续暴风雪,学校当局开学前通知各位教授,鉴于天气恶劣,教授如赶不到学校,可事先请假停课。但开学前许多教授为了按时上课,提前预订了学校附近的宾馆旅舍,第一天几乎所有任课教师都按时上课,尽管风雪仍然很大。

　　事后有中国访问学者问及耶鲁教授,教授们便说:在耶鲁,课比天大。

　　春节过后,我在如山的报纸堆中看到这条材料,心头为之一震。专门剪下来嘱马向科编入学校的《信息参阅》,希望学校各位同仁都能关注这件事和这个提法。

巧的是,同年8月,张岂之先生在给学校班子成员介绍参加清华百年校庆,聆听中央领导讲话时,老先生也援引了这条材料,强调教学质量与人才培养的重要性。

受此启发,我在多个场合放言,学校工作中,教学是最大的政治。提升教育质量、培养优秀人才是学校工作的重中之重,也是判断学校工作是否正确的最重要指标。

幸运的是,2012年学校出台提升人才培养质量的文件,对教师教学特别是课堂教学做了很多的阐述,也提出了很高的要求。乔学光书记、方光华校长也在多个场合反复强调育人为本,课比天大。有人说这句话是乔书记的口头禅,大会小会都在讲。潜移默化中,这一理念也变成了学校的共识。

试想,工厂里生产出大批不合格产品、假冒伪劣产品,你能说该厂的工作搞得好吗?离开了高质量的产品,工厂的其他工作搞得再好有何意义?"文革"前的三十年中,最流行的一句口号是:抓革命,促生产。当时这样讲有特殊的背景,此不赘言了。但要放在现在讲,应该是抓生产,促政治。对应着学校的工作,应该是抓教学,促思想政治。

依我的浅见,学校工作千头万绪,强调任何一个方面都有其合理性,都有其逻辑的必然。但是育人为本、课比天大应该是元定理,应该是第一法则。抓住了这一点,就可以纲举目张,其他问题便会迎刃而解。教书育人工作应贯穿在学术研究、社会服务、文化传承与创新等各个环节中。

从高等教育学的角度来解析，"课比天大"的提法实质上体现了"学本位"的原理，即以学术为本，以学者为本，以学生为本，通过教学优先、课程设计优先、课堂组织优先、主讲教师优先等多层次多方面的保证，来实现人才培养本位或育人本位的目标。

浙大校长杨卫在接受《大学周刊》访问时，曾以美国大学为例说："它们是三流学校数论文篇数，二流学校数论文的影响因子，一流学校不对论文发表提要求，而顶尖的大学非常强调教学。"（见《科学时报》2006年10月11日）杨卫是常春藤毕业生，可以这样讲，但也容易引起歧义，故有学者著长文进行详细解释（参见李志文《关于大学的分类》，《现代大学周刊》2014年2月1日）。只有当我们的教授比耶鲁的教授更重视教学，更重视人才培养，我们的学校比美国的学校培养出更多的拔尖创新人才时，我们才可以理直气壮地说我们办出了一流的学校，否则说得再多、口号喊得再漂亮，也是白搭。

报载，目前中国内地出现了第三次移民潮，有许多富人移民国外，造成中国财富的大比例外流，理由和原因很多，不一而足。但绝大多数受调查者都陈述的一个理由，就是为了子女的教育。虽然这可能仅仅是个借口，但也说明移民者正在用脚为我们的教育投票，真到了该反思我们大学教育的时候了。

（原刊《中国科学报》2013年2月7日，有删节，本文为全稿）

记住我是老师

　　早上的课间忽然接到一个短信：祝老师生日快乐。号码很陌生，所以也没在意，孰料对方又把电话打过来，我只好回复说课后联系。下课后始知，发短信、打电话的是原来 2003级学生。他们毕业五周年了，要搞庆典活动，希望我参加，并让我届时给他们说几句话。五年后还能被仅上过一个学期课的学生记着，特别是还能记准我的生日，戳到了我心中最柔软最脆弱的部分，让我有几分虚荣的满足，更让我有几分莫名的感动。要不是他们提醒，我自己也忘掉了自己的生日。

　　人到中年，上有老下有小，轮不到给自己过生日。工作繁杂，也记不住自己的生日之类琐细事。在我看来，中年人过分关心自己的生日之类，不仅是自恋，也是对生命起点的矫情，更多的是对生命倒计时的一种刻意提醒。其实造物主会适时警示我们，你自己不必一惊一乍。

　　电话联系时，让我稍有不快。那位同学一口一个校长，给

　　　　　　　　　　　　　　　　　　　　　　　课比天大

我提的问题也是做教师与做校长有何区别,是否对自己的业务有影响,是否比当老师更辛苦?我耐心地向这位同学解释,说我很喜欢教师这个职业,我出来做学校管理工作的副职,也是以教师或学人的身份被推举出来的,不是我的管理工作做得比别人好。再说管理干部是有任期的,我在不远的将来还会回归教师队伍的。故我思考问题也多以教师的思维想,对待学生也仍以教师的眼光看,也希望同学记住我是你们的老师而不是校长。

同学很乖巧,通话到最后,他已改口,并答应把我的意思准确地转达给其他同学。我也很欣慰。

我自从到学校做管理工作,起早贪黑,忙忙碌碌,但乏善可陈,从不敢自矜。回想起来,还是当教师有成就感。我不止一次在文字中流露出自己对当教师的自足和自信。

所幸我分管的本专科教学,主要还是与教师学生打交道,并没有完全脱离学生。只是感觉从教学第一线退到了第二线。但在思维方式上,似与专司管理者还是有微妙的差别。比如每学期开学的教学检查、期末的巡考,专职管理者主要盯着老师是否用 PPT,是否站在讲台上讲,学生是否有夹带,是否作弊,是否替考。专职者眼很尖,一眼就能判断出是否是替考。我的眼睛很拙,对着身份证、学生证与考生本人,就是看不出差别。我在教室中更多关注灯光是否充足,窗帘是否挡了光线与通风,老师的板书与讲话后排学生是否能看得到听得清，供放设备是否有问题，开水是否烧热，是否有老师休息的椅子，是否有挂衣服的挂钩。整个都是教师们关心的细碎问题，而可能未必是管理者所关注的重大问题。

我虽意识到自己与专职管理者的这些细微差别，但不以为耻，反以为荣。也没想过改变这种观察视角和思维方式。反倒对自己的这种"另类"管理沾沾自喜。

昨天从《麦可思研究》上看到一则美国弗吉尼亚大学创办者托马斯·杰斐逊的故事，使我不敢再端起架子自以为是了，而是有了更多的紧迫感和压力感了。

杰斐逊是美国《独立宣言》的执笔人，美国第一任国务卿、第二任副总统、第三任总统，而且在总统任上一干就是八年。但杰斐逊却很看重创办弗吉尼亚大学并任一年校长这段光阴，要人们"记住我是校长，忘掉我是总统"。

从语源来看，美语中的 president 本来就有两意，一是指主持合众国行政事务者，即总统；另一是指主持大学行政事务者，即校长或院长。

杰斐逊的话有何深意？为什么让人们记住他是一所新办大学的校长，而忽略他曾是一个新生共和国的开国领袖呢？为什么他在遗言中还叮嘱后人对他的墓志铭"不得增添一字"呢？各人见仁见智，或有不同的理解。依我个人的浅见，或许是他对学术、教育事务的关注高于对一般行政事务的关注。因为教育可以通过改变个人的品质、个人的命运，进而影响到整个国家民族的品质和命运。这些变化如在实验室观测台上所见一样，是可以观察记录的，也是可以感受体验到的。

在学校里我们看到那些像我们孩子一样青涩稚嫩的学生，在四年到八年之间的明显变化和质的飞跃。而一个国家在四年到八年间的变化则未必明显，人们未必能感觉到，除非是改朝换代的"变天"。变化的结果也未必那样简单直接，可能掺杂着许多我们始料未及的东西。因为"过程导向"而非"目的导向"的现代政治设计，意味着只要我们接受程序，就要接受结果，哪怕这个结果是一枚辛酸的苦果。

文章还提到弗吉尼亚大学的另一则趣闻。说弗大的各种考试从来没有监考老师，学校给予学生捍卫自己荣誉最大的尊重和信任。有一位来自澳大利亚的女生，在社会学课程期末考试那天要回家奔丧。向老师辞行时，教师将试卷交给她并说：回去吧，在飞机上把题做完。老师没有让她提供任何人的监督证明。

这位女生真的在飞机上把题做完了，然后将试卷封好交给一位空姐代为寄出。空姐在信封的一角写下了这样几句话：

> 林西小姐在旅程中用了 3 个小时独立完成这场考试，美国国家联合航空公司第 1433 号航班的全体服务人员可作证。我们可以以我们的名誉担保并祝贺弗吉尼亚大学拥有如此卓有成效的荣誉体系和信誉卓著的学生。

有这样的荣誉体系,有这样诚信的学生,难怪倔老头杰斐逊让人们记住他是这所学校的校长。对比前几天报纸上说内地文明开放程度最高的城市上海,有一位老人晕倒负伤,一外籍女子奔跑呼告,让大家来帮忙救人,众人冷默以对,无人援手相救。那洋婆子怒不可遏,爆出粗口,用F打头的字眼痛骂围观的国人。

这件事让我感到羞辱,也感到痛苦和纠结,虽然我没有在现场围观。

看了杰斐逊的故事,我虽不自矜但更自信一个老师的价值。看了弗吉尼亚大学女生答卷和上海外籍女士爆粗口,更让我感到在中国当教师责任重大。当务之急还不是教学生如何拔尖创新,而是如何守住底线,如何恪守诚信和正义。比之于科技与先进国家的差距,我们在公民道德方面与先进国家的差距更大。这对于一个泱泱五千年的礼义之邦,实在是最大的反讽和嘲弄。移风易俗,改造社会,当从熏习化育青少年学生开始。在这一点上,家庭与学校、父母与老师还包括社会与管理者,是一根绳上拴着的蚂蚱,都逃不掉,都脱不了干系,都责无旁贷,没必要互相推卸责任,更没必要互相恶言指责。

记住我是老师,我愿与我的学生共同承担责任,共同成长。

(原刊《中国社会科学报》2013年1月11日,本文为全稿)

传统与开新

回顾中文学科走过的百年历程,有过激情燃烧,有过失落苦闷,有过清醒理性,也有过迷茫无助。如果要抓大关节,1949 年是一个节点,1977 年恢复高考是一个节点,21 世纪的新纪元是一个节点。现在新世纪已过了一纪 12 年,虽然也在反思,但目前的认识高度仅仅恢复到了 20 世纪 50 年代。我认为中文学科的反思与发展应回归到学科设置的原点,重构中文学科的学统。简括地说就是:回归传统,返本开新。要回归,至少应从以下几个方面切入。

一、从重细分回归到重整合。19 世纪以来,自然科学突飞猛进,其重分析细化,有划时代的意义。其方法论也极大地影响并改变了社会科学和人文学科的学科分类,使人文学科实现了从古典到现代、从经验到科学的转变,但也带来了新的困惑和新的遮蔽,不仅与对事物的哲学认知相左,而且也不利于人才培养。故在人才培养过程中,忽略三级方向,淡化二级甚至一级学科，从文史哲综合的高度，从诗书画乐融合的立场，向六艺的传统致敬，向人文学回归，对于矫正目前人文学科本科人才培养的弊端，或许有新的意义。

二、从重科研回归到重教学。大学有教学、科研、服务与文化传承等多项功能，但要注意这几个功能不是同一逻辑层面上的并列关系。我个人认为前三个功能之间是迭加关系，第四功能与前三者之间是渗透关系或融摄关系。但无论如何，第一位的或首要的功能是教学。中国人民大学文学院提出"以学生为本，以学人为本，以学术为本"的办学宗旨，三"学"之中，把学生放在第一位，有激浊扬清的苦心。耶鲁大学提出"课比天大"的理念，也是将教学和人才培养摆在最重要的地位，是对我们目前执着于"教学型""研究型"区划的超越。南京大学提出的学校对教学和科研的四个"一视同仁"，也是对教学的重新强调。在我看来，在学校工作中，教学是最大的政治，着力抓好教学质量，提升人才培养的质量和水平是政治正确。

三、从重概论回归到重原典。在教学和教材建设中，当下特重概论、导论、通论之类课程，这些都是入门类的课，非常重要，但我们不能让学生永远停留在入门阶段，而应不断地把他们导向学术的前沿，领略学术的无限风光。对学术原典和经典的细读精读，涵泳把玩，不仅仅是表现对伟大传统的致敬，而且也是对经典中学术命题、学术出发点、学术原生态的回溯。

四、从重统一回归到重特色。教学和人才培养中的统一招生、统一大纲、统一教材、统一考试、统一评分，本意或许是好的。但人才这个产品，不是工业生产中的标准件，无菌无污染环境的流水线，可以生产出优质的机械产品，但恐怕培养不出人文学科的拔尖创新人才。

五、从重有为回归到重无为。目前自上而下，都想在教学改革方面有所作为，这是可以理解的，也是必要的。我曾概括大家对教学和科研的认识，提出学科建设"三为"的三重境界：有为始能有位，有所为有所不为，无为而无不为。我认为绝大多数学者和学科参悟到了第一境，部分学者和学科步入第二境，能领略第三境的却寥寥无几(参见本书《学科建设的"三为"境界》一文)。倡导建设世界一流学科的，首先应倡导追求无名，追求无为。无名、无为与世界一流，表面上是两个极端，实际上是相反相成。

六、从重管制回归到重自治。教育部出台的三十条，讲得很好，是这几年推出来的最好的一个文件，但阅读之后，有个感觉，就是讲得太细，管得太死。把教授应讲多少节课、小学应用什么校车、应喝哪个牌子的牛奶都管起来的教育部，委实有些太辛苦了。教育部应明确责任主体，简政放权，抓大放小，天下教育便可垂拱而治了。

七、从重数量回归到重质量。20 世纪 90 年代以来，为了满足大众对高等教育的迫切需求,缓解各种社会矛盾,适当扩大招生规模,从当时的情境来看,也是可以理解的。但现在已经到了调整结构的时候了。用市场份额、市场占有率等等经济学的理论直接套高等教育,明显是有缺陷的。对教师教学与科研的考核指标,也应极大减少量的要求,而对质量和水平的要求则应更多地强调。

（原刊《中国社会科学报》2012 年 10 月 23 日,有删节,本文为全稿）

课比天大

语文教学：大学与中学的异同

大中学语文教学都是作为人文学教育中的一个环节，从人文学的本质来看，是相同的。一些表面的差异人所皆知，不值一提，但稍微具体细微的差别，还是值得区别的，以便从业者能葆有一种教学自觉，更好地适应并塑造自己的职业角色。

初级与高级。毫无疑问，小学与中学（初中与高中）是语文教育的初阶，而大学则是语文教育的进阶和升级，无论是教学内容、教学要求、教学难易度都有很大的提升和加强。中小学是语文教学的导入，要深入浅出，要引人入胜，要趣味盎然，但大学是语文教学的展开和深入，要本色当行，要博大精深，要让学生有敬畏感：敬畏经典，敬畏大师，敬畏传统。目前中小学教学从大学下放的内容太多，过于成人化、过于知识化，而有些大学教学则号召学习脱口秀的明星教师，课堂书场化，内容趣味化，模糊了大中学教学的区别，实在是走入了误区。

　　规范与开放。中小学语文更多的是一种规范的教学,而我理想的大学教学则应更多地打破规范。中小学语文入门须正,只要达到基本的底线的要求即可,而大学的语文教学则应上不封顶,天高任鸟飞,海阔任鱼跃,把学生带向一个全新的境界。

　　素养与专业。中学语文主要培养学生全面的文化素养,包括基本的母语素养。而大学教育除了被嘲讽为高四语文的"大学语文"或"大学国文"外,其他课程都是一种专业教育,每门课程都有专门的教学大纲、培养方案、专业特色,与狭义的语文渐行渐远,分野越来越明显,如实验语言学、现代语音学、校勘学、文献学、版本学、目录学等,更接近社会科学或技术科学,与传统的人文学科区别很大。作为博雅素养的大学语文与中学语文联系很多,但作为专业的中文学科则越来越技术化,专门化,成为整个现代学术谱系中的一个分支。

　　示范与探索。中学语文教学整体上更多的是一种示范教学,而大学中文教学则应更多地强调研讨、探索、质疑、批判。

　　应试与职业。大家现在对中学的应试教育群起而攻之,如果说中学教学是应试教育的元凶,那么各门课程则都是帮凶。我个人不同意这种看法。首先,给学生教一点应试技巧并没有错。其次,如不取消中考、高考、考研、考公务员、考律师等各类的逢进必考、以考录取、以分数定终身的做法,那么应试就不会也不可能被取消。而大学的专业教育是职业生涯的初步,作为职业工作者,在一个更大的有更多变量的评价系统中,准入的条件、评价的标准更复杂,但应试也是其中一个环节。大学或大学毕业后不是没有应试了,而是更大更多更难的一种应试,中学那种检测识记的闭卷式笔试,反倒下降为一种最简单最原始最小儿科的测评方式。

中国文化的至高境界讲中庸,但在实际中我们最容易走极端,包括对大中学教学异同的认识。在坚守或认同自己职业角色的同时,我希望中学老师多鼓励学生"仰望星空",而大学老师则应多鼓励学生"脚踏实地"。

(原刊《中国科学报》2013 年 4 月 9 日,本文为全稿)

人文何以化成

在全球化浪潮汹涌澎湃的当下,如何强化民族文化的固有特色? 在科学技术鼎故革新的时代,如何突显古典文化的当代价值? 在外物欲求无限膨胀的今天,如何重建自我精神的清明理性? 西方世界主要诉诸科学,中国则更多求助于国学等传统文化资源。作为一种应对之策,这毫无疑问是必要的。但作为解决现代性问题的根本之路,它是否是对症之药? 学界见仁见智,看法并不一致。

以国学或传统文化资源作为解决现实问题的策略,不失为一种选择,但要真正落实,并能切实解决实际问题,似仍需要转化性创造。其中有几个关键点,就是要科学设计,重新发掘,外推内省,协同成教。一言以蔽之,就是要倡导新国学教育。

推行新国学教育,首要的是先确立新国学教育的原理。古人云"为学日益,为道日损",又云"乾以易知,坤以简能"。大道尚简,新国学教育的原理也应追求简要、简便、简易之道。

我个人认为,新国学教育的进阶可分成三步:初等国学、中等国学和高等国学。达致三个境界:初等国学强调自我建设,达成知识境界;中等国学强调外推与内省,达成人文境界;高等国学则应走向化成之道,达成天人境界。

新国学进阶第一步:重在自我建设

当务之急先是要为国学正名。这既涉及对国学概念内涵外延的重新界定,也涉及对国学学科自足性的确认,还涉及国学的人才培养,同时还关联到长久以来在国学问题上的文化民粹主义与文化虚无主义的博弈。

孔子说:"必也正名乎。名不正则言不顺,言不顺则事不成。"国学同国故、国术、国医、国药、国画、国乐、国语、国文、国史、国剧、国酒、国菜这些"国"字头的术语是什么关系? 国学是六艺之学吗? 国学是儒学的同义语吗? 儒学之外,国学中是否有释道耶的地位? 还有前现代时期的天地生、文史哲、理工医这些学科与国学是否无涉? 此外,国学与西方的古典学、人文学又是什么关系? 国学是否可以直接对应中国传统文化或国故之学? 再深一层追问,国学的古典智慧是否能在现代化的道路上开直通车? 如此等等问题,首先要求我们梳理这些语词,厘清这些概念,确定其外延与内涵,然后才可讨论。否则,国学讨论几近鸡同鸭讲,同声而异闻;或如民谚所说,哭了半天,不知道所哭为何人。一些有识之士已意识到传统国学概念不能周延,导致解释的困惑,故提出"大国学""新国学"
"现代国学""国学现代化"等补救概念,以应对国学名称的困
窘。但这仅仅是开端,更多的问题仍未能解决。

国学正名更重要的是原道原学。清末皮锡瑞为总结经学
撰写《经学历史》《经学通论》,此后,邓实《国学讲习记》,章太
炎、钱穆的两种《国学概论》各自阐述了国学概念及历史的视
界和理解方法。但 20 世纪后半叶迄今仍未见到许多有分量
的国学历史、国学通论之类的著作。最近,《光明日报》"国学
版"先后刊出讨论"新仁学""新子学"的文章,令人耳目一新。
《社会科学报》也曾刊登何怀宏《新世纪的纲常——"中华新伦
理"一个构想》(见《社会科学报》2012 年 3 月 29 日第 6 版),以
民为政纲、义为人纲、生为物纲的新三纲作为道德基石,以天
人、族群、社会、人人、亲友的新五常为社会德行,欲由此构建
一种从制度正义到个人义务的全面的"共和之德",颇有新意。
这些成果均在综述已有成就的基础上,有了创设新理论、新学派
的新思维,是国学界的新气象,惜乎这类文章和著作还太少。

国学要产生深远影响,改造世道人心,同时要不断壮大自
我,加强学科建设。当务之急,首先要培养拔尖创新人才。遥
想 20 世纪,传统学术文化领域先后涌现章太炎、梁启超、王国
维、陈寅恪、胡适、马一浮、熊十力、钱穆、牟宗三、张君劢、唐君
毅、钱锺书、饶宗颐、李泽厚等一大批大师。新佛学运动也产生
了欧阳竟无、太虚、印顺、星云等龙德大象,促成佛学的现代化。

但新纪元以来,老成凋零,后继不接。应该呼唤和促成新时代大家的涌现。目前国学方面积累的成果少,有广泛影响的人才少,远不足以转移风气,广大教化,更谈不到拯救世道人心。因而,迫切需要当代知识人沉潜学问,融铸传统,发挥新知,拓殖新国学的知识境界。

新国学进阶的第二步:外推内省

这是国学教育充分展开的重要阶段。外推是指国学教育的向外拓展,分别有三个途径:下行、上达和旁通。内省是国学教育的向内融通,它通过反求诸己以实现自省、自觉与自我完善。

具体而言,下行是向大众普及国学知识,没有民众基础的学问及理论只能是实验室、书斋里的高深理论,不会产生广大的社会影响。要发生影响,就应深入浅出,形象生动,以便大众理解接受。中古时期,佛教在中国化过程中的宣传很成功。20 世纪马克思主义在中国的传播,也有很多可圈可点处。由宁波市鄞州区与《光明日报》配合,对蒙学读物《三字经》进行修订,虽有不同看法,但历时一年多,收到征文及书面意见数百份,引起社会各方面长时期关注,收到了普及推广的效果。这些都值得今天国学教育者学习借鉴。

国学教育除下行外,还要上达。所谓的上达就是向社会精英、政治管理者、商界领袖来推广国学。同样是传播,上达与下行要有所区别,有所侧重,应该指定针对特定人群和对象的传播,普及与提高区别对待,道器与体用相互对举,这样的传播才是最有效的传播。

所谓的旁通,既指国学门类与其他学科的互相解释、互相沟通、互相借鉴,也指国学要能主动走出去,与其他民族的文化、宗教互相解释,互相融合。有人说,21世纪是中国文化的时代,这样的判断当然太乐观、太自大、太武断。但若说21世纪是中国文化主动走出去与其他民族文化平等对话,互相阐释,互相发明,则是有道理的。从过去的"各美其美",到现阶段的"美人之美",并进入下一阶段的"美美与共"(费孝通语),也是应积极推进的。

国学在外推的同时,更要强调内省。坦率地说,从"外王之学"的层面看国学,其功能作用并不及其他学问有更大更直接更具体的效用,比如攻城陷地,国学不如军事学;救死扶伤,国学不如医学;富民强国,国学不如经济学;统计运算,国学不如数学。国学更大的价值应在其"内圣之学"层面。经宋儒强化提升的内圣之道,在今日后现代文化背景中,仍有它独特的价值:强调反躬自省,强调自我的觉悟觉醒,或许是时下抵御外物诱惑而不迷失自我,重建清明理性与道德人心,中国固有学术文化对人性建构所能起到的砥柱中流作用。循此一径,就有可能在当今社会锻造出情理协和、尽善尽美之人文境界。

新国学进阶的高级阶段:走向化成

《周易·贲卦·象传》:"观乎天文以察时变,观乎人文以化成天下。"孔颖达解释说:"'观乎天文以察时变'者,言圣人当观视天文,刚柔交错,相饰成文,以察四时变化。'观乎人文以化成天下'者,言圣人观察人文,则《诗》《书》《礼》《乐》之谓,当法此教而'化成天下'也。"(王弼注、孔颖达疏《周易正义》卷三"贲卦")因此,以文德止物教人,使人们有良好的行为,原是人文的本义。这里有两重意义需要阐发:其一是儒家认为化成之道是经过"心—意—家—国—天下—宇宙—形上之天"这样的连续感通的关联作用,逐步实现(黄俊杰:《孟学思想史论》第一册,台北:东大图书公司1991年版)。其二是人文与天文相对举形成孪生范畴,分别具有人际和谐与天人和谐的两种价值取向,故中华文明的化成之道中既包含着人文的化成,也包含着与自然的化成,这在强调生态文明的当下,有着特别重要的意义。可惜这层微意仍未能充分抉发和彰显,研究国学教育者应该大力倡导。

内省与自我完善仅仅是社会成员自我的修行,是从我做起,但它充其量是少数人的道德提升,走向化成则是向全社会指出一条光明大道,于是就有了社会学的公共意义;化成之道同时含有"人皆可以为尧舜",故有方便法门的普适意义;由于中国文化的实践理性特征,故化成之道不会成为偏执迷狂的新宗教,也不会把大众导向虚幻的彼岸。应该说,它更多的是由文化信仰和伦理实践驱动的一种道德自觉与道德实践。这样的道德觉行应由民间来推动,而不要让政府来包办;社会可以倡导,但不要强迫强制。应乐观其润物无声,潜移默化,而不要迫切地希望立竿见影。"涓流滴到沧溟水,拳石崇成泰华岑"(陆九渊语),我们有理由期望,通过深耕细作,日积月累,假以时日,可以在全社会、全人类培育出新型的社会良知与生存范式,导向人文化成、圆融广大、品类和谐之天人境界。

新国学教育的三境界虽有由浅入深、由外向内、由近及远的差别,操作起来也可以不拘一格,同时推进。《礼记·中庸》中说:"故君子尊德性而道问学,致广大而尽精微,极高明而道中庸,温故而知新,敦厚以崇礼。"如沿着这个方向朝前走,必能使中国传统文化思想"招魂起魄",旧躯壳如蝉蜕般慢慢脱掉,新生命在其中活泼泼地蠕动,且能安立得住,贞定得住(余英时语),也才有可能在世界的"第二个轴心文明时代"形成过程中,参与创造,并起到"转世"作用(杜维明语)。汤一介先生进一步提出"新轴心时代",祈望华夏文明传统能超越"专制为体,教化为用"的过去,落实到"自由为体,民主为用"的今天,并走向"和谐为体,中庸为用"的未来(参见汤一介:《瞩望新轴心时代》,中央编译出版社 2013 年版)。如此的新国学教育目标,虽不能至,然庶几近矣。

(原刊《光明日报》2013 年 4 月 1 日,题为《新国学教育三境界》,有删节。修改时吸收了谷鹏飞、杨遇青、万德敬、赵阳阳、田苗、和谈等几位青年朋友的意见,谨致谢忱!)

课比天大

"钱学森难题"别解

为"钱学森难题"求解应分三个层面：解释、解答与解决。解释是学理性的阐释，解答是对策性的迎应，而解决则是制度性的落实、行动的实现。本文侧重第一个层面，兼及第二个层面，第三个层面应专门论证，此从略。人文与科学为两翼，互通互助又互补。故可以从科学的角度看人文，也可以从人文的视域看科学。其中科学对人文的影响和推进巨大而显著，有目共睹，无需赘述。但人文对科学作用的论述却少之又少，故有必要在当下特别强调。

钱学森难题的具体内容

"钱学森难题"又叫"钱学森之问"、"钱学森问题"，形式上是仿"李约瑟难题"而来。

2005 年 7 月 29 日，钱学森在病榻上对时任总理的温家宝坦言："现在中国没有完全发展起来，一个重要原因是没有一所大学能够按照培养科学技术发明人才的模式去办学，没有自己独特的创新的东西，老是冒不出杰出人才。这是很大的问题。"

2007 年 8 月 3 日，钱学森又一次当面向温家宝提出了两条意见：一是大学要培养杰出人才；二是教育要把科学技术和文学艺术结合起来。"处理好科学和艺术的关系，就能够创新，中国人就一定能赛过外国人"。

2009 年 9 月 4 日，总理温家宝在考察北京 35 中时曾透露："我多次看望钱学森先生，给他汇报科技工作，他对科技没谈什么意见，他说你们做得都很好，我都赞成。然后，他转过话题就说，为什么现在我们的学校总是培养不出杰出人才？这句话他给我讲过五六遍。"

钱学森曾专文回忆他在美国学习的情景，指出学校、院系和老师对学生创新思维的鼓励和包容。同时将话锋转到对当下教育的看法上："今天的大学，能做到这样吗？大家见面客客气气，学术讨论活跃不起来。怎样能够培养创新人才？更不用说大师级人才了。年轻人与老师的观点不一样，就非常难办了，老师甚至不会让学生毕业。"

"一石激起千层浪"，"钱学森之问"形成了高等教育学、人才学、创造学诸领域的"箭垛"话题，持续的讨论由钱学森的问题引申出更多更重要更深刻的问题：

1. 钱学森的建言最早是 2005 年讲的，为什么一直拖到

2008 年、2009 年以后才公开,并形成热烈讨论? 新闻报道的滞后和时间差说明了什么?

2. 钱学森讲的是学校特别是大学教育的问题,但能否产生或出现拔尖创新人才或杰出人才或大师难道仅仅取决于大学吗?

3. 钱学森主要讲的是科学技术发明人才培养的问题,是否人文社会科学人才培养中就没有问题? 如果有,是否与科技人才培养中存在的问题是一样的,是否应该用同样的方法解决不同领域中的人才培养问题?

4. "钱学森难题"与科学史上的"李约瑟难题"仅仅是命题形式的类似巧合,还是有某种更深刻的更本质的内在联系?

5. 钱学森主要讲的是大学,那么中小学是否对培养拔尖创新人才没有责任? 2012 年初,中国人民大学附中校长刘彭芝及多位院士联合国内数百家高校、中小学、幼儿园和科研院所成立创新人才教育研究会,提出创新人才要从娃娃抓起。可见创新人才培养并不仅仅取决于大学,而要从整个人才成长过程来系统思考。

6. 钱学森讲的是学校教育与杰出人才的关系,那么家庭教育、家族教育是否在杰出人才培养中也起着重要的作用? 以中国近现代为例,无锡钱氏家族、新会梁氏家族、义宁陈氏家族、德清俞氏家族、绍兴周氏家族、合肥张氏家族,或箕裘相继,崇德象贤;或花萼争辉,人才辈出,说明家庭、家族在杰出人才培养中有其独到之处,是否值得研究总结?

7. 钱学森讲的是人才被培养出来之前的情景,那么用人单位、就业机构、工作与研究环境对人才脱颖而出是否也承担更重要更直接的责任?春秋时期的楚才晋用现象,孟尝君门下鸡鸣狗盗之徒亦有所作为,战国末期秦的驱逐客卿事件,与前些年北大才子卖猪肉均说明的是人才的使用问题,而不是培养问题。

8. 钱学森讲话中没有提及时代社会对杰出人才的成长出现有什么样的作用?比如第二次世界大战,比如奥斯威辛集中营,比如"反右"时期的夹边沟,比如"文化大革命"?

9. 钱学森和他那一代科学家、杰出人才都是七十年前的大学教育培养的,同理,今天大学培养的学生是否能成为杰出人才要在五六十年后才能验证,希望仍在读或刚刚毕业的大学生个个都成为钱学森、钱三强、钱锺书、钱穆、陈寅恪、李政道、杨振宁,望子成龙,望女成凤,立竿见影,是否本身就违背人才成才规律?

10. 钱学森措辞中几次提到的关键词、核心概念都是人才"培养模式"的问题,但杰出人才能否产生是否还与培养机制、培养体制甚至培养制度有关?

……

在学术史上,提出真问题有时比解决问题更重要更伟大。由钱学森难题引申出许多相关的问题,也激发了人们从不同的视角进行观照、思考、讨论、探索,畅所欲言,各抒己见,一时让冷僻的高等教育研究领域热闹异常,也让已经被推到社会热点的大学教育受到了来自各个方面的更多的拷问。

钱学森难题的效应

钱学森难题一经公布,就引起各方面的广泛关注,介绍、报道、评论接连不断。首先是在互联网及新媒体上能看到持续的议论与评述,围观、拍砖、跟帖甚多。议论纷出,观点驳杂。其次是在《人民日报》《光明日报》《中国教育报》《中国科学报》(原《科学时报》)《中国社会科学报》等主流媒体也刊载文章讨论。相关学术期刊还刊发了不少从教育学、人才学、成功学角度讨论的文章。

海外媒体与学界的评议也不少。最新一期的美国《福布斯》双周刊文章将"缺乏鼓励创新思维的教育体制"列为中国的首要症结(引自《上海教育》2011 年第 23 期)。

中央教科院院长袁振国在一次高校素质教育的会议上说,改革开放以来三十年高考共出现 3600 多名状元,但成长为政界、军界、学界、商界杰出人才的几乎没有。

高层与主管部门越来越重视创新人才的遴选与引进。近年来,中央及各部委各省市各高校先后出台的相关规划、纲要、计划、措施、办法、实施意见,对"钱学森难题"有一定程度的吸纳和回应。其中《国家中长期教育改革和发展规划纲要》

八次提到"拔尖"。已经制定并实施的《国家中长期科学和技术发展规划纲要(2006—2020 年)》《国家中长期人才发展规划纲要(2010—2020 年)》等对拔尖创新人才的培养选拔都提出许多措施,特别是继"长江学者计划""千人计划""小千人计划""万人计划"后,各省各地各校也有以山岭江河湖海等冠名的人才计划,显示出对创新人才的重视和对相关问题的解决思路。

目前讨论的不足

1. 望文生义,字面索解。钱学森所说的是大学,所提的是人才培养模式,于是大家一窝蜂地从人才培养模式上找答案。

2. 头痛医头,脚痛医脚。既然是大学出了问题,那么责任都推到大学身上。按照目前相关规定,大学书记、校长是第一责任人,教授是直接责任人,于是就把板子都打在学校、打在教授身上。既然是科技人才培养出了问题,就把支持重点放在解决科技人才培养问题上。重点引进科技人才,重奖科技人才。

3. 情绪发泄多,理性反思少。全社会似乎都想借此表达对大学和学校的满腔怒火,刻骨仇恨,尤其是在网络和新媒体上,看到的文章几乎一边倒,似乎误尽苍生是教育,罪恶滔天是学校。

针对这类的愤激与情绪化,我们可否提个反命题:既然如此,我们把小、中、大学都停办了,我们彻底废止延续千年的以分数顺序选拔学生,我们让大学再次变成留美预备学校、留欧预备学校,如何?

4. 希望速战速决,立竿见影。企图通过一个五年计划、两个五年计划、一个人才工程、两个人才计划解决世纪难题,仍然是技术思维、工程师思维,不是教育家的思维;是战术上的迎应,不是战略上的谋划。换言之,不是钱学森的本意,更不符合"十年树木,百年树人"的人才金规则。

5. 思维有局限,认识有盲区,问题有屏蔽。从大学教育、培养模式、科研经费、工作条件思考多,但从终身教育、全人教育、人文教育、艺术教育等方面思考少;从学校教育思考多,但从社会与用人单位思考少;从物理硬件思考多,但从文化氛围、人文元素等文化软环境思考少。于是压倒葫芦浮起瓢,解决了一些问题,又萌生了另一些问题,发现了一些问题,又遮蔽了另一些问题,形成了新的认识盲区。

本文拟从这些盲区出发,选择其中的核心问题,开始摸索和探讨。

人才培养中的人文环境、人文氛围与人文元素

目前人才培养模式中统一性的东西、规定性的东西、规范性的东西、封闭性的东西、限制性的东西太多,开放性的、自由性的、选择性的、差异性的东西太少,换句话说,人文性的元素

太少。

科学与艺术、自然科学与社会科学、人文与技术、情感与理性，本来就如道之阴阳，性之雄雌，鸟之两翼，车之两轮，人之双足，是自然天成的，与生俱来的。两者要平衡协调，缺一不可。两者的关系也既是互通的，又是互补和互助的。

美国《福布斯》网站在乔布斯去世前曾发表《乔布斯可以教给我们的十条经验》的文章，第一条就是："最永久的发明创造都是艺术与科学的嫁接。"钱学森与温家宝的另一次谈话中也已经提到科学与艺术关系的重要性。中国工程院常务副院长潘云鹤也说："科学与艺术是互通的，这也已被很多学者和艺术家阐释过。我认为，科学与艺术的关系除了互通之外，还是互补和互助的。""因此，我赞成科学家学点艺术，帮助他们加强形象思维，则有更大的可能性提出创新性思想，作出原创性成果。"

科学与艺术还可以互助。首先，工程科学要直接用到艺术，譬如建筑学。在潘云鹤看来："乔布斯的艺术感觉就很好，现在风行全球的 iPad、iPhone 本身就是艺术品，它更多地胜在人文而非技术因素上。今年，Facebook 超过 Google 成为美国最受欢迎的 IT 公司，也有这方面原因。"

并且，艺术也需要工程科学说明。工程科学能为艺术创作提供新的材料、工具与技术，对艺术的支撑越来越重要。譬如颜料、笔的质量越来越好，与提供的材料水平越来越高不无关系；譬如所有的电影大片无不需要先进的视听设备和先进的计算机图形学技术；又譬如多维动画所创造的奇幻的视听天幕，3D打印在医疗、美容、雕塑、制造领域所带来的革命，等等。

潘云鹤还说："再有，如今数字照相机、计算机等越来越普及，也就是工程科学把艺术创作的手段普及到每个人的手里。我相信，人人都可以介入艺术创作的时代不远了。随着科学技术的发展，工程科学中有艺术，艺术中有工程科学，工程科学和艺术的互通、互补和互助的趋势会越来越明显。"（引自《中国工程院常务副院长潘云鹤：科学与艺术互通互补互助》一文，见《科学时报》2011年9月27日）

将上述各家的见解梳理归类，我个人以为，至少以下人文元素对培养拔尖创新的杰出人才是必不可少的：

1. 求异性思维。目前统一性贯穿于教学的各个方面，统一教材，统一大纲，统一备课，统一阅卷，统一要求。把教师和学生的求异思维都统一了，把特异拔尖人才与庸常的学生统一要求，也就等于把异质的、差别的、创新的可能性扼杀了。

2. 批判性学习。也就是在学习过程中敢于否定经典，质疑常识。我们的现行教育不鼓励学生批评或批判老师，更不鼓励批评或批判教材、讲义。人文社科的教学主要是对教材中已有的理论和价值体系的阐释与发挥。大体采用的还是汉儒解经的模式：疏不破注、注不破传、传不破经。预设的前提是,经典是没错的,关键看你如何理解。

怀疑批判是自由探索的出发点,也是包括学术创新在内的一切创造活动的基础。爱因斯坦在质疑批判经典物理学的基础上,创立了相对论。弗里德曼在怀疑批判爱因斯坦静态宇宙模型的过程中,提出了宇宙膨胀的预言和构想。

2011 年诺贝尔化学奖获得者谢赫特曼也因为挑战当时的"常识",长期被斥为"胡言乱语""伪科学家"。当 30 年前谢赫特曼发现"准晶体"时,他面对的是来自主流科学界、权威人物的质疑和嘲笑,因为当时大多数人都认为,"准晶体"违背科学界常识。

"当我告诉人们,我发现了准晶体的时候,所有人都取笑我。"谢赫特曼在一份声明中说。1982 年,41 岁的谢赫特曼正在美国霍普金斯大学从事研究工作。

"的确,那时候的人们压根不会接受那种晶体的存在,"美国化学协会主席纳西·杰克逊说,"因为他们认为这违反自然界'规则'。"因为这些"规则"被视为真理,胆敢"捋虎须"的谢赫特曼自然就备受排挤。

发现"准晶体"后,谢赫特曼花费了好几个月的时间,试图说服他的同事,但一切均徒劳,没人认同他的观点。不仅如此,他还被要求离开他所在的研究小组。无奈之下,谢赫特曼只有返回以色列,在那里,他的一个朋友愿意帮助他,将"准晶体"的有关研究成果公开发表。

　　　　　　　　　　　　　课比天大

最开始,这篇论文也没能逃脱被拒绝的命运,但在谢赫特曼和他朋友的艰苦努力下,1984 年,论文终于得以发表,也立即在化学界引发轩然大波。一些化学界权威也站出来,公开质疑谢赫特曼的发现,其中包括著名的化学家、两届诺奖得主鲍林。

"他(鲍林)公开说:达尼埃尔·谢赫特曼是在胡言乱语,没有什么准晶体,只有'准科学家'。"谢赫特曼后来回忆说。

经过 30 年的检验,勇敢质疑"常识"的谢赫特曼终于获得全世界最权威的科学认可。"谢赫特曼的发现是科学界最伟大的发现之一,勇敢挑战了当时的权威体系。"纳西·杰克逊说(引自《以色列教授获诺贝尔化学奖,曾被斥为"伪科学家"》一文,见《新京报》2011 年 10 月 6 日)。

另外一位数学家约翰·纳什的突破性工作也长期不被人们理解,将其视为精神病人,直到获得诺贝尔经济学奖。他的艰难遭遇被改编成电影《美丽心灵》(香港译名《有你终生美丽,台湾译名《美丽境界》,并获奥斯卡最佳影片奖等,才广为人知。

3. 想象力的养成。跳跃、联想、想象是艺术教育的初步,但是与科学教育并非绝缘。

爱因斯坦的名言:"想象力比知识更重要,因为知识是有限的,而想象力概括着世界上的一切,推动着进步,是知识进化的源泉。"郭沫若在第一次全国科学大会上说,让想象不要成为艺术家的专利,让科学家插上想象的翅膀。最近国务院学位委员会批准艺术学科升格为门类,也是受钱学森质疑的影响。钱学森也说:我从小不仅对科学感兴趣,也对艺术有兴趣,读过许多艺术理论方面的书,像普列汉诺夫的《艺术论》,我在上海交通大学念书时就读过了。这些艺术上的修养不仅加深了我对艺术作品中那些诗情画意和人生哲理的深刻理解,也学会了艺术上大跨度的宏观形象思维。我认为,这些东西对启迪一个人在科学上的创新是很重要的。科学上的创新光靠严密的逻辑思维不行,创新的思想往往开始于形象思维,从大跨度的联想中得到启迪,然后再用严密的逻辑加以验证(引自《钱学森最后一次谈话》一文,见《人民日报》2009 年 11 月 5 日)。

据最近看到的一则材料介绍,2009 年,教育进展国际评估组织对全球 21 个国家进行的调查显示,中国孩子的计算能力虽然排名世界第一,但想象力却排名倒数第一,创造力排名倒数第五。

4. 灵感状态的催生。冥思、心斋、坐忘等创造心理的培养。古人讲:心斋坐忘,虚室生白,涤除玄鉴。《庄子》中讲一个真艺术家进入创作灵感状态竟"解衣磅礴"、旁若无人,与假艺术家的察颜观色、扭捏作态适成对比。

5. 师生伦理的重构。人际交往关系序列中的师生交往,对学生成长非常重要。师生关系在中国传统文化中本是与天地君亲并列的"五伦"之一,不是服务与被服务的关系、老板与马崽的关系,而是教育与被教育、教化与被教化、风谊兼师友的关系。杰出人才与他们的老师或学生都有极特别的关系。

如鲁迅与他的老师黄侃,毛泽东与他的老师徐特立,钱学森与他的老师冯·卡门,罗尔纲与他的老师胡适,余英时与他的老师钱穆,陈寅恪与他的学生蒋天枢、汪篯、王永兴,吴宓与他的学生杨绛、钱锺书,陈丹青与他的老师木心等。但有调查表明,当下中国学生遇到紧急问题求助的排列顺序分别是:朋友、家长、同学、老师。老师排在最末。这说明重构师生伦理、回归师生天然关系,迫在眉睫。

6. 情感与爱的教育的强调。杨福家先生说中国大学虽然也缺乏大楼、缺乏大师,但更"缺乏大爱"。如近年来大学和学校发生的一系列恶性事件,清华大学学生给熊泼硫酸事件,复旦大学虐猫事件等,在在说明学生缺乏爱与情感,问题很严重。

7. 允许试错与宽容失败。对学生不要一棍子打死,容许学生在校园里犯各类错误,不打棍子,不揪辫子,不秋后算账。目前所见各种会议和各种活动中,学生教师腔,教师官员腔,官员播音员腔。大家都念事先准备好的稿子,都怕出错,都不允许出错。在各级各类的基金评审与项目结题中,都没有提及如果研究失败该怎么办,失败或出错是否是科学研究中一个基本的正常的环节。这些问题大家都小心地回避,不愿正面触及。

8. 贵族礼仪与人文素养的熏习。某大学校长不认识篆体字,不知道"七月流火"为何意,某粗口教授未以教学科研著名,而以三个"妈的"国骂驰名天下。说明当下中国富而不贵、富而无礼者不知凡几。如人无尊严感，那么对所从事的事业自然也不会有神圣感。我曾写过一篇小文《让一部分人先高雅起来》(收入本书)，论及这一点，可参读。

9. 敬畏与信仰。科学家可否有信仰，信仰中是否含宗教信仰？宗教信仰与科学工作是否水火不相容？伟大的科学家或诺贝尔奖获得者或杰出人才是否都是无神论者？

康德说："位我上者灿烂之星汉，道德律在我心中。"爱因斯坦的名言："有一种超越一切的力量，支持着全宇宙的科学法则和自然界的运行变化，如果我们把这种力量称为上帝，那我就要向这位上帝低头。"乔布斯早年游历印度，信奉佛教，是一个素食主义者，同时具有喷薄而出不可遏止的天才的创造力，以及在常人看来非常古怪的人格。他设计的产品，无一例外的"简洁"，符合佛教的禅意。甚至有记载说，乔布斯对现代医学有抵触情绪，拖延好久没做手术。温家宝希望中国的学者既能脚踏实地，又能仰望星空。仰望星空应包含着敬畏星空，敬畏自然与宇宙的神奇伟大。

因为自己思考的肤浅零散，也因为人文学科本身就是一些形态各异的精神现象，故我对钱学森难题只是提出从人文学角度思考的可能性。

几个初步的结论

第一，杰出人才培养对强国强教意义重大。文化强国源于教育强国,教育强国源于人才资源强国,而少年强则中国强。故拔尖创新人才之培养意义甚为重大。

第二,拔尖创新人才培养虽需要各种工程和计划的配套,但更需要有创新的思想包括创新的人文思想的武装。

第三,顺天致性,因材施教,个性化培养至关重要。给天才以自由,给偏才以空间。思考的自由,想象的自由,交流的自由,争论的自由,发表的自由有时比严格管理更重要。对特异人才的培养与其探究固定统一的模式,还不如因人而异,因事而异,因材施教,实施个性化培养。

第五,宽容学术异见,从学理上讲天才不是培养出来的,而是脱颖而出的。容忍他们就是对他们最大的支持,不扼杀他们就是对他们最好的培养。

第六,人才评价标准宜乎无为而为,长线钓鱼。目前尤须矫正的几组关系:慢与快,远与近,实与名,本与末,异与同,道与术,质与量,其中的缓慢、长远、实际、本质、差异、规律、质量可能是目前人才培养中尤其应该强调的关键词。

我们有理由相信,只要宽容开放,假以时日,创新的气氛会浓郁起来,创新的土壤会肥沃起来,创新的人才会如雨后春笋般冒出来。希望对这些问题的思考和讨论不设禁区。如无禁区,解释就会越来越丰富多样,解答也会越来越明晰准确,越来越逼近"钱学森难题"的答案,最终制度性地解决这一难题也就指日可待了。

自觉、先觉与大学使命

"文化自觉"这一命题包含极其丰富深刻的理论意涵，学界已经掘发出了不少，但我感到意犹未尽。贤者识其大，不贤者识其小。我尝试从诠释学的角度略陈管见，我以为如欲深入领会"文化自觉"的时代意涵，应从以下三个层面进行挖掘探索：

第一层面是语词梳理层面。"文化自觉"中的"自觉"本是中国古代哲学用语，费孝通先生拈过来，从文化人类学的角度进行阐释，使用者在中国战略转型期从文化发展的高度赋予了这一语词更加广阔更加丰富的理论内涵。所以，如果要准确理解这一语词，必须回到出发点，从学理上对这一语词进行很好的梳理，而且应该在各种联系中斟酌比较，准确界定这一语词的内涵与外延。例如：自觉与自发、自觉与自明、自觉与自主、自觉与自愈、自觉与觉人、自觉与自省、自觉与自信，等等。通过这样的梳理与比较，这一语词所隐含的深刻的理论含义就会凸显出来。

第二层面是命题体会层面。作为一个时代命题，"文化自觉"使我们对文化的理解步入了一个全新的境界,上升到了一个时代的高度。我认为至少包含着以下几种自觉:其一是对文化的民族性和世界性的自觉。其二是对文化的多元性和主导性的自觉。其三是对文化的时代性和历史性的自觉。其四是对文化的传承性和创新性的自觉。其五是对文化的阶段性和目的性的自觉。其六是对文化的特殊性和普适性的自觉。其七是对文化的前喻性和后喻性的自觉。前几点学界谈得比较多,我只说第七点。现代教育学中的学习理论有前喻型学习和后喻型学习的说法。前喻型学习是东方式的学习,强调向老人学习,向历史学习;后喻型学习是西方式的学习,强调向孩子学习,向未来学习。文化自觉则昭示我们不仅要向过去学习,也要向未来学习,两者应平衡,执着于任何一面都失之过偏。

第三是践履实行层面。对于个体而言,文化自觉是结合着个人修养修行的一种修持和实践,与提高整个国民的文化素养息息相关,也与学校教育中的文化育人有关。需要长期的坚持,不要期冀一蹴而就,立竿见影。对于国家而言,文化自觉是作为文化建设国策的重要理论基础,推进文化大发展大繁荣、建设文化强国是一项艰巨而光荣的任务,需要长期的努力。对于社会而言,文化自觉则是在文化建设中倡导一场深刻的思想文化运动,这场运动也是一场伟大的变革,是在理论指导下的社会实践,又是在实践中不断丰富不断完善的理论。重在全社会的实践和践行,切忌停留在轰轰烈烈的口号、铺天盖地的标语上。

除自觉处,旧时谈文化还经常涉及文化的先觉、先知、先验。德国哲学家雅斯贝尔斯(Karl Theodor Jaspers)在其名著《历史的起源与目标》中提出了"轴心时代"理论,他说公元前600年至前200年间,是人类文明精神的重大突破时期,各个文明都出现了伟大的精神导师——古希腊的苏格拉底、柏拉图、亚里士多德,以色列的犹太教先知,古印度的释迦牟尼,中国的孔子、老子,……他们提出的思想原则塑造了不同的文化传统,也影响着人类的生活。"直到今日,人类一直靠轴心期所产生、思考和创造的一切而生存。每一次新的飞跃都回顾这一时期,并被它重燃火焰。自那以后,情况就是这样。轴心期潜力的苏醒和对轴心期潜力的回忆,或曰复兴,总是提供了精神动力。对这一开端的复归是中国、印度和西方不断发生的事情。"(雅思贝尔斯《历史的起源和目标》,华夏出版社1989年中译本,第14页)有意思的是,各民族几乎不约而同地称他们民族的精神导师为"先知"或"先觉",《朱子语类》引《唐子西文录》曰:"天不生仲尼,万古长如夜。"《成唯识论》中也说:"诸异生类,恒处长夜,无明所盲,昏醉缠心,曾无醒觉。"说先觉、先知表面上有些神秘,但我们现代科学中有预测学有未来学,就是教我们寻常人如何有预见性。中国古代史学发达,对历史的重视不仅仅是出于专业的兴趣,更多的是致用,温故是为了知新,鉴往是为了知来。上古时代巫史同源,作预言家的巫,同时也兼做史官。可见,中国文化除了强调士人自觉的执着固守外,也不否定先觉的敏感敏锐。

古代西方的占卜、占星术很发达，现代的许多预言也与星相学有关，虽然其中多为怪诞不经，也一再为事实所否定，但其中也不乏启人智慧处。科学界的许多创新探索，在获验证前，也被扣上狂悖、怪诞的帽子。如伽利略、布鲁诺、马寅初等，但事实证明了他们的论断，他们成了学术的先觉。现代共产主义运动中的布哈林、顾准、张志新在举世皆狂的年代，能清醒地说实话，三十年五十年后回望这段艰难历程，应该承认他们是时代的先觉先知。

要提升文化的自觉，培养文化的先觉，大学具有它无可逃避的使命，主要表现在以下几个方面：

首先，大学教育是广义文化的重要组成部分，文化的强国，首先应该是教育的强国，所以加强文化建设，教育先行是题中应有之义，尤其要加强对高等教育的建设，因为大学是文化竞争中的国家队。不能文化自文化，教育自教育，文化与教育两张皮，唱的不是一个调，只有这样理解才能领会精神实质，避免望文生义，制造文字泡沫。

其次，优秀文化传承的基本途径和主渠道是教育，特别是大学教育。优秀文化的继承和弘扬在当下被作为文化繁荣发展的重要标志，与欧洲的两功能说、美国的三功能说相比较，内地提出的大学四大功能说，其中之一便是文化的传承与创新。两者所指的语境虽略有不同，但互相呼应，有思维的一致性。

第三，大学是文化创新、科技创新、建设创新型国家的生力军。从世界范围来看，每届诺贝尔奖获得者主要来自大学；

从国内来看,每年的两院院士增选、国家三大科技成果奖获得者、高等级的论文发表者也主要来自高校。

第四,无论是文化传承创新的人才,还是文化事业、文化产业的从业人员,甚至高雅优秀文化的欣赏与接受,都主要靠大学来培养。所以教育是文化人才的孵化器。

第五,文化不仅是高等教育人才培养中的主要内容,同时也决定着大学精神、大学质量的基本内涵。大学应以育人为本,育人应以文化为先。

第六,文化的传承创新和杰出人才培养,是大学的永恒主题,不是一阵风地搞运动,不能一年一个流行色,一段一个新提法。创新应该是守正创新,返本开新,创新成果应该是精品力作,应重质不重量,重当下更重传世。拔尖创新人才培养更要直面人才培养中的真问题,总结人才培养中的真教训,从长计议,进行制度规划和顶层设计,而不是头痛医头,脚痛医脚。在具体措施上,慎搞一窝蜂的人才工程和项目,慎提多快好省、只争朝夕的人才培养,不要幻想政策刀下见菜,立竿见影。罗马城不是一天造成的,杰出人才、科学大家、文化先知也不是三五年能够造就的。老话说"三代培养一个贵族",在自由民主的宽松氛围中,长期熏习,鼓励争鸣,容忍异见,保护学派,平等竞争,我们民族的科学文化杰出人才与大师也能脱颖而出。

（原刊《中国社会科学报》2011 年 12 月 8 日,此为改写后的全稿）

向上的路径

人文素养与大学生身心健康是个开放的话题,大家可以见仁见智,各抒高见。结合这一话题,打一个形象的比方,今天主持人的主要活动是策划年轻的大学生去登山,去挑战终南主峰,除了物质的有形的山,我认为还有一个精神的无形的山,我也鼓励年轻的朋友去攀登这座山。我指出通往此山向上一路的几个途径,算是我给年轻的朋友的希望和建议。以下是我个人的一些浅陋的看法,分别是:发大愿,怀慈悲,守诚信,重实践。

首先希望年轻的朋友都能发大愿。大愿也就是宏愿,远大的理想和抱负。现在是技术主义甚嚣尘上的时代,大家都看重个人的可以看得到摸得着的具体发展和发达,因为讨厌假大空,同时也讨厌远大的理想和抱负。稍微留意一下,我们会发现,古今中外无论是在政治、宗教、学术文化上有大成就者,都有一个伟大的理想和抱负,没有理想抱负而能有大成就者绝无仅有。俯仰天地间，俗物多茫茫。中老年人已成时代的过去时，可以庸俗可以乡愿，但年轻人代表着未来，要多些狂狷，多些理想，多些激情，多些想象。这样中国才有希望，人类才有希望，未来才有希望。

其次，希望年轻的朋友都能怀慈悲。现在大家都谈文化自觉，但文化自觉是一个大的概念，如要深入讨论，则应提出慈爱自觉或慈悲自觉的概念。慈悲应该是中华文化中的大爱和博爱。这种爱不仅仅是对自己、对亲人、对国人，也包括对其他宗教和种族的人，还包括对植物、动物和整个自然界的爱。佛说众生是平等的，所以我们不光不能为了人的无止境的贪欲，戕害众生，破坏生态。而且要积极主动地去护生，去保护我们赖以生存的环境，去保护与我们同属一个生命链条上的其他物种。如能将今天我们国内政治中的"和谐"一词，推及到国际政治、推及到不同宗教、推及到整个自然界甚至不同星球间的文明交往中，才是真正的大慈悲，大慈爱。

第三，希望年轻的朋友能守诚信。诚信并不是奢侈的道德高地，诚信是我们心灵真实的底线。当下中国面临许多迫在眉睫的大问题、真问题，全社会的诚信缺失就是其中之一。解决这一问题决不是发几个文件、搞几个活动、写几篇文章、喊几个口号能办到的。每个人都应该反躬自省，试想一下，在文明社会中，如果没有电，我们都会陷入黑暗；如果没有互联网，我们又要重回闭塞孤独；如果没有货币，我们又要回到以物易物。诚信就是精神的电流,就是文明的网络,就是心灵的通货。

第四,希望年轻的朋友能重实践。像今天的爬山登峰是实践,专业学习上的动手能力是实践,人际沟通交流是实践,去田野去底层去社区考察调研是实践,到海外留学到大自然中探险也是实践。李白的"仗剑去国,辞亲远游","五岳寻仙不辞远,一生好入名山游",顾炎武的"读万卷书,行万里路",石涛的"搜尽奇峰打草稿",都是实践的楷模。

(原刊《中国科学报》2013 年 2 月 21 日,本文为全稿)

按:本文据首届中华人文素养与大学生身心健康高峰论坛上的发言稿改写。本次论坛还有沙叶新、安虎生、李利安、荆三隆诸位出席,利安兄发言时回应说,拙论第一、第四即佛教净土宗之"愿行并重",第二、第三即佛教之"福慧双修"。感谢利安兄的发覆索隐。我准备发言时没有想要和佛理挂钩,只是搬弄借用名词而已。如真有暗合,则说明我的臭皮囊中还是有些善因福田罢了。

也说"打通"

《文学遗产》编委会前次的扩大会和此次会议上有关古代文学研究"打通"的话题引起热议,有不少精彩的见解。无独有偶,当下大学教育也倡导博雅教育或通识教育,希望能克服仅重视专才的弊病,培养出更多的通才。

但究竟什么是通,如何打通,似乎看法不完全一致,以下是我个人粗浅认识的一个简单梳理。

首先是指人生境界上的通透参悟,这是价值层面上的"通"。司马迁《报任少卿书》:"亦欲以究天人之际,通古今之变,成一家之言。"这三句话实际上道出了历史哲学的三个层面:成一家言是说历史写作,通古今变是说历史认知,究天人是说探索历史智慧。宋儒张载有著名的"横渠四句":"为天地立心,为生民立命,为往圣继绝学,为万世开太平。"关中地大物博,所产人物也瑰玮不群,张载的宏大叙述既是基于他胸中的浩然正气,也与龙门太史公心曲相通。有意思的是民国政府在内地执政的末期，另一关中士人于右任与蒋介石竞选总统，公关宣传时竟手书"横渠四句"广赠助选者。时人都知他是辛亥元老、知名草书家，即使不认同他的政见，不欣赏他的才干，但至少知道他书法的价值，愿意收藏他的墨宝。面对同样的天地万物，理学家程颐则说："万物静观皆自得，四时佳兴与人同。道通天地有形外，思入风云变态中。"（《秋日偶成》）所谓的"道通天地"应包含人与自然的感通。冯友兰谓人生有四境界，分别是：自然境界、功利境界、道德境界、天地境界。能由自然境界步入天地境界的层次，不仅仅需要学问上的通识，更需要对宇宙人生的通透参悟。

其次才是知识百科上的会通理解，这是知识层面上的"通"。现代学术的一大进步便是学科分类越来越精细，人类的认识越来越深入。但在纵向深入的时候，我们又时刻感受到我们研究的任何一个孤立细小的课题，往往牵一发而动全身，横向的贯通往往制约着纵向的直通。于是又迫使我们不时回到知识分类的出发点，置专门科学于不顾，故意淡化或模糊学科之间的区隔与界线。

余英时转述钱穆的学术见解，谓中国典籍的四部表面上能区隔开来，但实际上却有千门万户、千丝万缕的贯通和联系。无独有偶，施蛰存将一生倾力的学问称为"四窗"：东窗为诗文创作，南窗为古典文学研究，西窗为外国文学翻译与研究，北窗为碑帖收集和研究，他分别以此为自己相关著述命名。饶宗颐先生治学，强调宇宙性，提出"辨方正位"的四方之学，在研究中不仅跨越东、西、南、北四方，而且跨越上、中、下三维。将天、地、人、理、事、名，以及形、影、神合在一起进行研究(《文学与神明：饶宗颐访谈录》，生活·读书·新知三联书店 2011 年版，第 91 页)。钱先生强调四部贯通、饶先生强调四方跨越与施先生实践四窗洞开，都是就学问的广博着眼，首先在研究上做出样板，同时指示后学以轨辙。

若从相异处进一步探求，四部贯通是古典学范围的事，四方跨越侧重宇宙观，而四窗洞开则涉及整个现代人文科学的打通，特别是艺术创作与理论研究的贯通，践行起来难度可能更大。因为诗文创作涉及艺术天赋，不是靠勤奋就能达到的。外文翻译涉及西学和外语修养。碑帖收集则既涉及学术眼光又涉及财力和投资能力：有眼光无财力只能望梅止渴，有财力无眼光则真赝杂陈。过去有人感叹贫士可以从事具体的实业，但无法做最好的学问，原因即在于此。

再次是指治学门径上的贯通指示，这是专业方法层面上的"通"。唐代刘知几《史通》要求史家须具有胆、识、才、学四方面的能力方能著史，而章学诚《文史通义》进一步提出更具体细致也更严格的要求。我近年来给研究生开课，与同事协力合作编成教材《中国古代文学研究方法导论》(高等教育出版社 2013 年版)，开始想为同学们找到几种放之四海而皆准的方法或网络语所谓的"必杀技"，但随着思考的深入，越来越觉得力不从心，徒劳无益，最后放弃这种企图，根据已有研究成果粗略地归纳为基于文艺学、哲学美学、心理学、历史学、现代科技、社会学和人类学、比较文化学、现代语言学、音乐学、美术学、传播学等领域的各种方法。相信随着古代文学研究的深入，还会有更多的方法出现，我们的概括也只能是挂一漏万。但有一点可以肯定，回顾从 20 世纪 80 年代以来大家对新方法的热衷和追随，到当下学者们对各种方法的淡定和理性吸纳，说明学界的成熟和超越，而这种超越主要体现在对多元交叉和广谱研究的会通，对各种新方法的包容。

据此，我以为价值体认上的通透、知识认知上的通融、方法技术上的通变，应该是我们讨论的古代文学研究中"打通"的题中应有之义。

陈尚君先生《兼容文史，打通四部》(《文学遗产》2012 年第 1 期)，是根据上次编委会发言整理，对此有很好的阐发。张剑兄此次会议回顾十年来宋代文学研究，将大家的已有共识概括为"四通"：熟通文本，融通四部，贯通古今，沟通中外。就古典文学研究而言，张剑兄已讲得很全面了，若能对此"四通"有所体会和实践，学问上肯定能拓出新境，更上层楼。受大家热烈讨论的启发，我对各位的"四部"说、"四通"说作进一步的回应和引申，归纳概括为深入实际、打破科际、联通网际、走向国际的"四际"说。下面稍作解说。

第一是深入实际。"实际"一词本是佛家语。《大智度论》

卷三二说:"实际者,如先说法性名为实,入处名为际。"一般指客观现实。就学术研究而言,人类学、社会学、考古学、语言学的田野调查、实地勘踏是深入实际,美术学的"搜尽奇峰打草稿"是深入实际。张剑兄讲"熟通文本"就学术研究要接触第一手资料来说,也是在强调深入文本的实际。但这仅仅是事物的一个面相,另一个面相的实际是现场与在场的实际。古人讲"读万卷书"之余还要"行万里路",就是强调要深入实际。元好问《论诗绝句三十首》其一云:"眼处心生句自神,暗中摸索总非真。画图临出秦川景,亲到长安有几人?"是从艺术创作讲深入实际,"眼处心生"与"秦川景"即佛家所谓"现量情景",含有现在义、现成义、显现真实义等多层意思(参见拙著《唐诗美学精读》第一章第二节,复旦大学出版社 2009 年版)。

　　日本中央大学教授妹尾达彦是知名历史地理学家,他自述迄今已亲到长安 30 多次。他不光考察长安、洛阳,还多次去巴格达、伊斯坦布尔(君士坦丁堡)等东方古城,故他关于古都研究的视角独特,常能发人所未发。国内外一些杰出史学家,不仅能亲自勘踏历史事件的遗址,而且能深入考古工地和发掘现场,在第一时间获得第一手资料,有时他们学术成果的披露甚至早于考古发掘报告的公布。这种因深入实际所得的学术新资讯,所培养的学术敏感,是值得古代文学研究界同仁学习的。

　　第二是打破科际。现代学术最大的进步就是学科界限的明晰化，相邻相隔的科系之间，鸡犬之声相闻，但可能老死不相往来。不光是文、理、工壁垒森严，界限分明，就连文科之中的文学、艺术、哲学、宗教、历史，也各有血脉相承，族内通婚，绝不与邻居混杂，以示纯正高贵。至于创作与研究、教学与科研、科普与原创也都是各有所司，绝不混淆。人类像工蜂一样，一辈子在这样一个狭小的区域内反反复复，进进出出，严肃认真地忙碌，上帝看到了肯定会发笑。

古代文学界许多名家大师实际上多是跨科的，如王国维除了写《人间词话》外，更重要的还是保留在《观堂集林》中如《殷周制度论》等史学上的重大成果。陈寅恪当年是北大、清华中文、历史两系合聘的教授。朱自清写过《诗言志辩》和许多古代文学论文，但又是现代文学新散文的代表。他的学生王瑶以《中古文学论集》知名，但又是现代文学研究的泰斗。闻一多是新诗创作的代表，同时不废旧诗，在1925年热衷新诗之际，仍能"唐贤读破三千纸，勒马回缰作旧诗"（《废旧诗六年矣，复理铅椠，纪以绝句》），在学术研究上也以对《诗经》、《楚辞》和唐诗的创新研究著称。陕西人吴宓在清华和西南联大教西洋文学和比较文学，但他毕生坚持旧体诗词写作。钱锺书教西洋文学的课，做古代文史哲打通的学问。从《谈艺录》《管锥编》到《钱锺书手稿集》所包容的学问信息，是很难用一个学科或一个学科的分支分段来概括的。台湾大学的老辈学人台静农教文学史课程，但诗书画都臻于妙境。长期执教于香港大学的饶宗颐更是于学无所不窥,无所不精,在多个领域多个学科都取得很高成就。

在关中和其他精耕农业区,聪明的农人为了充分利用土地,很早就发明间作套种,将高杆低杆、季节不同的几种植物同时种植,非但没有干扰影响,反倒能互相作用,互相促进,使产量倍增,这种栽培经验,或许能给我们一些启发。

第三是联通网际。无可否认,网络已极大地改变了我们的生活,同时也改变着我们的学术生存。

首先,古籍文献数字化的程度在提高,与学术的关系越来越密切。古籍文献数字化目前有三种形式:一是原样数字化,即按照古籍的原貌原样扫描或影印,最大限度地保存古籍历史信息;二是文本式数字化,即将古籍全文录入整理成可检索的数据库;三是知识型数字化,即按照知识管理的模式对古籍数据库进行标引等深度加工。(张贺《与时间赛跑,古籍数字化如何加速》,《人民日报》2016 年 6 月 24 日)其次,网络已成为学术发表、学术交流、学术沟通最便捷及时的工具,它不仅在改变着社会,也在改变着教育和学术研究。更重要的是,基于数据库和网络学术资源之上的"e-考据"也使传统的文史研究进入了一个全新的时期(参见黄一农:《e-考据时代的新曹学研究》,《中国社会科学》2011 年第 2 期。又见孙妙凝:《e-考据为文史研究打开一扇窗》,《中国社会科学报》2013 年3 月 27 日。又见郭倩:《黄一农:用 E 考据"玩"红学》,《中华读书报》2013 年 03 月 27 日）。开放获取、共享数据、多方会议、绿色出版，这些国际学术界期盼已久的事件正悄悄来临。有论者已指出从农业革命、工业革命到当下的信息（移动）革命是另一个"三千年未有之大变局"，在此大背景下出现的台式计算机、手提计算机和移动智能终端分别开启了"固态""液态"和"气态"三种生存方式，目前现代人已进入了数字的"气态"生存阶段（见迈克尔·塞勒著，邹韬译：《移动浪潮：移动智能如何改变世界》，中信出版社 2013 年版）。换句话说，数字信息已像空气一样弥散在我们的生活中，古代文学研究者可以远离尘世，但无法隔绝这样的"空气"。在无纸化办公、无纸化报纸之后，学术期刊的无纸化与网络化也会很快到来。这对于包括《文学遗产》的编者、作者、读者来说，既是新的学术发展契机，又是新的学术挑战。但正如迈克尔·塞勒所预言，报纸因其信息的浅表性、同质性与重复性，在未来面临锐减甚至消失的可能性，而学术期刊因其特色性、专题性、深度性与唯一性，在未来将会迎来另一个黄金时代。网络上的期刊，不仅可以实现编者、读者与作者的实时互动，而且可以出现由作者真人真声朗读其论文的视频文件。《文学遗产》已建有网站和网络版，相信在未来也能引领（至少紧追）信息革命时代的人文学术期刊发展。

第四是走向国际。这一点与张剑兄所谓"沟通中外"很接近，近年来有不少论述，如刘跃进《近年来美国的中国古代文学研究掠影》(《福州大学学报》2001 年第 1 期)、程章灿《作为学术文献资源的欧美汉学研究》(《文学遗产》2012 年第 2 期)，特别是廖可斌《古代文学研究的国际化》(《文学遗产》2011 年第 6 期)。但沟通中外侧重于文献上的中西融通和研究上的中外比较，走向国际则更侧重学术成果和学者队伍的走出去。诚如葛晓音先生在此次编委扩大会议上所说，当下有一个我们如何平心看待国际化和如何平等对待境外学人的问题。同时，走出去也需要一个普适性的交流规则，如果说 WTO 是商品贸易规则的平台，那么学术交流、文化交流、教育交流是否也需要一个类似的规则和平台？这样的平台是否具有普适性和可通约性？我以为这才是走向国际的深层含义。

如从这样的意义看"打通"，我以为需要努力的空间仍很大。这样的"打通"知易行难，说说还容易，但做起来很难。我个人资质愚钝，学问浅狭，年来又多有荒疏，本不配谈这样的话题，更不敢自矜自炫。立此标杆，虽不能至，心向往之。作为教书匠，更希望给更年轻的才俊指示一条向上之路。

（原刊《文学遗产》2013 年第 6 期，收入本书时有增改）

学科建设的"三为"境界

学科建设是内地这些年来特别强调的一个关键词,既指学科平台、学科高地、工作条件、实验设备等条件建设,又指团队、骨干、领军人物等队伍建设,还指项目、作品、成果、获奖、应用、引用、翻译、美誉度等成就的积累。学科建设与科学研究如何可持续发展,如何处理好当下与长远的关系,如何真正实现协同创新,与国际接轨,走向一流?很多还处在探索阶段,摸石头过河,故聚讼纷纭,莫衷一是。我认为学科建设可分为三个阶段,有三个境界。分别是:有为始能有位,有所为有所不为,无为而无不为。下面我对三境界说稍作解释。

有为始能有位。这句老话前几年在高校圈里经常讲,据说是周济主政教育部时提出的,很多人还在引用,似不专指学科建设。我认为对学科建设更适用。只有踏实苦干,在学科建设的各个方面取得突出的业绩,才能获得相关的肯定和确认。换言之,学术地位的获得,是通过自强不息,有所作为,长期打拼,才能实至名归。

有所为有所不为。无论是学科建设还是科学研究,无论是一个学术机构还是学者个体,甚至无论是所谓的重大项目还是个人自主选择课题,都不能把战线拉得太长,全线出击,贪多咬不烂。想要样样精通,结果可能是样样稀松。故经费的拨付,条件的提供,人力的配给,要有主次轻重缓急。有所为是做加法,有所不为是做减法。有过学科建设经验的人会有切身感受,实际上有所为还较容易,但有所不为则较难。衡之于国内外知名大学和学术机构,都不是对所有学科均衡发展,而是对优势学科重点发展。但手心手背都是肉,割爱很难,若无取舍,就不容易集中力量打歼灭战,也不容易出特色出高地。

无为而无不为。前两阶段或前两个境界谈的人较多,还比较好理解,也能被许多人认同。但第三阶段或第三境界说的人较少,大家也未必能接受,要真正做到就更难了。前两个阶段使学科建设进入良性循环的状态,但都是人为的结果、刻意努力的结果,严格调控的结果。到了第三阶段则要减少人为,顺其自然,自我展现。前两个阶段是绝大多数内地科研单位和高校都能做到的,而第三个阶段则是只有欧美发达国家和世界一流名校才能达致的境界。

从"有为"到"无为",从"有不为"再到"无不为",在圈外人看来近乎咬文嚼字式的文字游戏,但我认为这不仅仅是文字上的变化,更重要的是对学科建设认识上的逐步深化,或者说是科学哲学上从必然王国向自由王国的迈进,强调科学研究中自发自主和自由精神的形上意义。

"三为"的说法,特别是"无为而无不为"的说法,在这里只不过是借指现代大学的学科建设与科研,但它的出处则来源于中国古老的道家学说《道德经》,其第三十七章有"道常无为而无不为",第三十八章有"上德无为而无以为;下德无为而有以为。上仁为之而无以为;上义为之而有以为"。老子主要是给我们昭示出理想的政治治理在于无为而自化,让人民自我化育,自我发展,自我完成(引文及释义据陈鼓应《老子注译及评介》)。以发现规律、认识世界为己任的科学研究和学科建设,应该从古代哲学中汲取智慧,尽量不折腾,少妄为,让学人们栖息在自然平衡的学术生态乐园中,挣脱缰索,仰望星空,自然流露,尽情释放,真如是则世界一流指日可待,而伟大的传世成果也会络绎涌现。

(原刊《中国社会科学报》2013 年 3 月 15 日,本文为全稿)

"四肢"与"头脑"新解

在我看来,一个优秀的大学教师和学者在学术研究上,既要有四肢,还要有头脑。最好的学术研究状态可借用"四肢发达,头脑简单"来概括。

有人会说,这八个字一般被认为是贬义词,是批评或贬斥一个人的用语。何以用来形容学术研究的最佳状态呢?列位莫急,且听我的别解。

孔圣人讲,"必也正名乎,名不正则言不顺,言不顺则事不成。"所以我们先对语词做一番梳理正名工作。"发达"的本意是指成熟、健壮、健康,主要用于褒义;"简单"是"绚烂之极归于平淡"的淡,是"豪华落尽见真淳"的真淳,是大道归于平易的易。故我认为可将其意改造,反其意而用之。借以形容人文学者特别是大学文科教师的工作状态。

四肢中的两条腿分别是指教学与科研,两条胳膊分别是指专业素养和技能工具。教师搞好教学是天职,做好科研是本分。

特别是在研究型或研教型大学里任职的教师，可以有所偏重，但不能偏废。偏废的除非是天才偏才怪才，如霍金、高士其，尽管不能正常教学甚至连生活也不能自理，但却有智慧的头脑，能生产出创造性的思想。他们的身体虽然残疾，但精神比正常人还健康，创造力比正常人还旺盛。

双臂是指专业素养和技能工具。良好的专业素养可以使学者能始终站在学术的前沿，与学术界保持良性互动。技能工具则是指母语、外语、计算机和实验器械。"工欲善其事，必先利其器"，对于中国的学者，特别是人文社科学者，母语的作用想必大家能认识到，但外语这个工具能很好掌握的就未必很多。不懂外语就不能很好地进行跨文化跨语境的交流，也很难准确及时地学习他文化的优点。文化"走出去"首先要靠外语，学习外国的精华，弘扬民族的精萃都离不开外语。不仅仅翻译工作者的外语水平需要提高，一线教师的外语能力也迫切需要提高。当然，对于实验科学工作者来说，娴熟地使用仪器设备和大型数据库也很重要。对于实验科学，有什么等级的设备，就能产出什么级别的成果。

只有四肢并用，彼此平衡，才能在教学科研上走得远走得好。

头脑的简单是指精神上的返璞归真。现代社会使人们变得繁复、复杂、沉重、紧张、焦虑，社会病、职业综合症越来越频发。倡导头脑简单是对繁缛复杂的一种超越，是对宁静简易的回归。也是达致快乐教学、健康科研的一个重要途径。

老子讲"涤除玄鉴",讲"复归于婴儿"的状态,庄子讲"心斋坐忘",日本作家渡边淳一发明"钝感力"(迟钝的力量)的概念,乔布斯把追求简单作为苹果系列产品追求的美学极境,都道出了这样一个奥妙。

当下我们的导演瞄着好莱坞的标准拍电影,我们的编剧瞅着"五个一工程"的要求编戏剧,我们的科研人员盯着院士标准搞科研,在我看来都是心机太重,头脑太复杂,反不容易做大做强。或者在当时也能热热闹闹一阵子,但从长远看,在学术史上留不下多少痕迹。

四肢发达是形而下,头脑简单是形而上。当然,由"发达"到"简单"本身也是升华的过程,是由繁复走向单纯的过程。

（原刊《中国科学报》2013 年 4 月 25 日）

人文学科为什么要做科研？

　　科研是现代科学共同体中的术语，是从事自然科学特别是技术科学者的概念。对于人文学科来说，老辈学者只知著书立说，并没有科研的概念。古人的著书立说与现代科研的范畴有交叉重合，但并不完全等同。应该说，科研中包含着著书立说，但著书立说并不完全等于科研。毫无疑问，科研对大众、对社会、对世界的益处很多，不需要我饶舌。但科研对于从事科研的个体，特别是从事人文社科的学者有何益处呢？大家未必有共同的看法，我稍引述一下浅见。

　　首先，科研是教学的源头活水。宋儒朱熹诗曰："半亩方塘一鉴开，天光云影共徘徊。问渠哪得清如许，为有源头活水来。"如今高校使用的是统编教材，彼此大同小异，教师过于依赖教材，相互间拉不开距离。认真的学生会课前预习教材，如果老师上课时不增加新材料，照本宣科，就没办法吸引学生。科研所得的新材料、新方法、新结论会使学生耳目一新，特别是如果这些新的内容不是转载引用,而是任课老师的自证自悟,自我发现,就更能吸引学生,如偶尔能纠正教材上的一些陈陈相因的错误,则更令学生肃然起敬。既是教学成果,也是科研成果。

其次,科研可以使同道更有效地沟通交流。"嘤其鸣矣,求其友声",学术界同行之间的交流应该是"双向馈赠"。我们会经常从别的学者的论文、著作、报告中获得教益和启发,我们是接受者。但来而不往,非礼也。"投我以木桃,报之以琼瑶,匪报也,永以为好也",报答同道最好的方式就是科研,报答同道最好的礼品就是科研成果,对同道最大的尊重就是在充分肯定他的开拓后,发现并诚恳地指出他的不足。

陕西关中和陕北民俗,定亲前婆家人考察女方最重要的一个程序就是了解女子的厨艺和女红,北方属麦作文化,以面食为主。实际就是要看女子和面、擀面、切面、捞面、做臊子的手艺。验收的成果就是端上来的那碗面。关中乡下还有所谓的"老碗会",实际上就是面艺大比拼。端着碗在外吃饭的是男人和碎娃,展示的则是当家女人的厨艺成果,不仅仅是在秀她的脸面,同时也是在展示全家的脸面和实力。

教师的成果就是一件精工缝制的衣服,其中里子是教学,面子是科研。学校的里子就是人才培养,脸面就是全校的科研成果。而学者出去与同行交流是用自己沉甸甸的成果去对话,而不是用自己的大嗓门去播音。

再次,科研使人健康长寿。书斋里的学者在城里生活久了,

　　　　　　　　　　　　　　　课比天大

去田野、去乡下搞调研搞考察，不仅仅是工作，同时也可以呼吸干净清新的空气，吃到绿色天然的食品。我们知道，经常在户外工作、在野外工作的人，体型更匀称，体质更好。调研、思考、写作、交流，还可以克服中老年的孤独症和痴呆症，因为搞科研与写作时大脑要高速运转，实际上是在给大脑做保健操，天天搞科研，就相当于天天在健脑。所谓"流水不腐，户枢不蠹"就是这个道理。

看看70岁以上仍然在科研第一线的张国伟、张岂之、史启桢、何炼成、彭树智、舒德干、傅璇琮、袁行霈、王水照、周勋初、周伟洲等的精神状态，就会发现科研成了他们焕发活力的秘诀。再看看90岁以上的师昌绪、杨绛、饶宗颐、霍松林，科研和写作是这些老寿星不老的灵丹妙药。所以，仅从珍爱健康、保持长寿这一点也值得推广搞科研。

最后，科研使人智慧得道。身体的健康长寿固然值得羡慕，但心灵的自由、思想的开放、精神的解脱更值得追求。通过科研，我们不再迷信人云亦云的许多陋见；通过科研，我们可以矫正我们自己的偏见，我们能不断冒出许多活泼的想法，我们有了平常心，故可以欣赏远处的风景，也可以享受本地的风光。我们通过自证自悟获得的那些见解，实际上即是苦难人生中结出的智慧之花。

（原刊《中国科学报》2013年4月11日）

学术伦理与古代文学研究

　　学术伦理也称学术道德,按照一个较规范的解释:"是指学术共同体成员应该遵守的基本学术道德规范和在从事学术活动中必须承担的社会责任和义务,以及对这些道德规范进行理论探讨后得出的理性认识。"(教育部社会科学委员会学风委组编《高校人文社会科学学术规范指南》,高等教育出版社 2009 年版,第 4 页)学术伦理在学术研究中至关重要。在美国从事学术研究和学术写作的学者都知道并熟悉《芝加哥手册》,且能自觉遵循。在中国,有关学术伦理、学术规范的建设正在持续推进。古代文学研究作为现代学术谱系中的一个分支,毫无例外,从业者要自觉遵守学术伦理。有关学术伦理讨论的文献较多(关于学术规范的概论性著作,详参杨玉圣《学术规范 ABC(1)——学术规范与学科方法论新著概述》,见《博览群书》2010 年第 3 期),本文主要从研究生教育角度结合古代文学研究介绍以下几个基本问题:学术伦理与学术研究的目的,学术伦理与学风问题,学术史与学术综述,问题意识与学术出发点,学术评价与学术审查,学术争鸣与学术诉讼,以期对初学古代文学者有所指导。

一、学术伦理与学术研究的目的

学术伦理是学术研究中的一个基本问题。虽然关于学术伦理、学术道德、学术规范、学风等术语概念,在理解和使用中有些细微的差别和分歧。但毫无疑问,它是学术共同体得以形成、学术环境得以保存、学术生产和交流得以正常进行的基本前提和基本预设。

近年来,学术界内的学术浮躁、学术失范、学术不端、学术腐败现象有上升趋势。故使这样一个基本问题也越来越被凸显和放大。媒体的广泛介入、社会各界的普遍关注,使学术伦理教育和学风建设被提到了前所未有的高度。有关学术研究的目的、意义以及价值也不断被质询。媒体的热衷、大众的参与确实是件好事,它可以帮助和监督学术共同体进行现代学术伦理的建构,但也极容易造成混淆,引起混乱。其中就包括将学术伦理与学术研究的目的和意义相混淆的问题。

关于学术研究的目的和意义,我把它分为为兴趣的、为致用的、为求真的、为自我完善的几种类型(参见拙编《中国古代文学研究方法导论》第二讲,高等教育出版社 2013 年版)。类似的表述还很多,不一一罗列。比如冯友兰提出的四种人生境界,分别是:自然境界、功利境界、道德境界和天地境界(冯友兰:《人生的境界》,见《冯友兰学术文化随笔》,中国青年出版社 1996 年版,第 104—127 页)。虽然说的是普泛的人生境界,但也适用于学术研究。打一个比方,以旅行来说,所谓学术的目的和意义,相当于旅行的目的地和终点;而学术伦理和学术规范,则相当于旅途中的交通规则。无论是徒步、舟行、蹬脚踏车、乘公交车,还是航海航空;无论是乘客、驾驶者,还是管理员、导航者,都有一个遵守规则和规范的问题。再如,用奥运会作比喻,学术研究的目的和意义,就相当于"更快、更高、更强"的奥林匹克运动宗旨,而学术规范则相当于运动会的种种规章制度,包括禁止服用兴奋剂等违规药品,禁止打假球,禁止吹黑哨,禁止年龄性别作假,禁止赌球等。再简单地说,学术研究的目的和意义是最高的目标,而学术伦理则是底线的要求;学术意义是目标的实现,而学术伦理是实现目标的保证。

学术伦理可分为理论的层面和技术的层面,即作为一种观念和理论的学术伦理、学术道德,以及作为操作方法的技术规范和规则。前者我们习惯上称为学术道德,后者习惯上则称为学术规范。

学术伦理也可分为学理的层面和实践的层面。作为学理层面的学术伦理,可以讨论,可以质疑,应该是开放的。作为实践层面的学术伦理,则主要依靠学术共同体成员的躬行实

课比天大

践,虽有外在的约束,但更看重学者的自律,看重个人良知指引下的践行。

当然,对学术伦理本身也可以提出一个最高的标准和一个底线的要求。最高的标准就是要求学术研究能够超越专业,能够着眼于人类的共同福祉,以人类现在和将来的利益为旨归,而不是仅仅以个人的名利为目的。如居里夫人发现了镭后,许多商业企业公司都愿出重金购买,但是居里夫人遵循丈夫的遗愿,无偿地把镭的研究成果交给社会。把一些有价值的研究成果有偿地用于商业用途,毫无疑问是应该的,对人类社会也是功莫大焉,但是,居里夫妇能超越现实、超越国界、超越种族,为人类长远的、共同的福祉谋利。对于普通人来说,他们的境界,虽不能至,而应心向往之。

学术伦理的底线的标准就是至少要从理念上认识到、从方法技术上做到学术诚信,实事求是,不弄虚作假,不抄袭,不侵占他人成果,不滥用学术权力。

对于初学者来说,在论文的发表、著作的出版过程中有一系列技术上要声明、要标示、要遵循的守则,过去大陆地区的期刊、出版物在这方面普遍做得不够好。中国社会科学系统十几个期刊曾联合发表声明强调学术规范,并在此基础上签署发表了《关于坚决抵制学术不端行为的联合声明》(即"武汉声明",见《中国社会科学报》2012 年 2 月 1 日)。虽然此声明针对的是个案问题,但反映的则是学术规范普遍被漠视、被淡化的忧虑,以及对构建现代学术伦理的强烈呼唤。

关于这一点,我们许多同学和老师的认识还是很不到位,对期刊的这些要求啧有烦言,甚至有抵触心理。有些教师以古人撰著不设注释为借口,沿用古代写诗话、词话的方式,洋洋洒洒,纵论古今。誉之者或称此为才情横溢,但在圈内人看来,则不过是些架空高论,不切实际。文章中没有交代,没有标注,没有引用,我们搞不清楚某个观点谁是原创,谁是后继,谁是援引,谁是应用。其实不光是期刊学报要做引用标注,就是学生作业也应作如是要求。

标注不光是限定于公开发表的成果,而且也涉及对未刊稿件、私密资料、口述资料、图表照片的引用。在学位论文及重要著作中,如能对未刊稿件、口头交谈中的一些内容也能如实说明,不仅不会降低该成果的学术价值,反而会增加学界对该学者的崇敬。

学术研究中一点一滴的进步都是非常艰难的,有时别人的建议、启发是通过阅读正式出版的专著论文获得的,有时则是通过口头的交谈或其他途径获得的,如果能作出公开的说明和详细的标示,是一件非常好的事情,也是对践行学术伦理的一个检测。

二、学术伦理与学风问题

对于学风与学术伦理的讨论古已有之,不是现在才出现。

近人黄侃指出:"学问之道有五:一曰不欺人;一曰不知者不道;一曰不背所本;一曰负责后世;一曰不窃。"这里的"不窃",就是指不剽窃;但黄侃对于剽窃的定义,有细微的辨析,不是一棍子打死:"偶与之同,实由心得,非窃;习所见闻,忘其所自,非窃;众所称引,不为偷袭,非窃;结论虽同,推证各异,非窃。"黄侃还提到不宜认定为剽窃的另外四种情形:一曰师承所自,无待称扬;二曰众所共知,不疑剿袭;三曰习熟见闻,忘其所自;四曰虽与人同,实由心得。(《制言》第四十一期李庆富记《蕲春黄先生雅言札记》,第3页;第五十一期黄侃《答章先生论治学书》,第1页)应当说,黄侃对学术规范的见解对我们今天的讨论仍是有启示的。黄侃作为学术大家对包括抄袭在内的学问之道的体认,比我们当代人情绪性的议论要深刻得多,也全面得多。

近一段时间以来,学术界包括人文社会科学界被披露和曝光的学风问题很多,有些同时也是学校特别是高校存在的问题。这些问题形形色色,五花八门,涉及学术研究的方方面面。

归纳起来,按问题的严重程度划分,分别为学风浮躁、学术失范、学术不端和学术腐败(酌采用《高校人文社会科学学术规范指南》的划分,高等教育出版社2009年版,第4—6页)。按问题分布的领域来划分,分别有学校特别是高校的学风问题、研究院所的学风问题、项目基金管理部门的学风问题及其他领域的学风问题。按责任人的角色地位来划分,则有学生特别是研究生的学风问题、教师和科研人员的学风问题、领导干部的学风问题、知名专家和院士的学风问题。按学术研究的环节和阶段来划分,则有项目评审的学风问题,调研考察的学风问题,数据与信息处理的学风问题,著述行文的学风问题,项目结题的学风问题,学位评定、职务职称评审、成果评审评奖的学风问题等。

在高校文科方面出现的学风问题,具体表现为:成果发表的数量化指标,论文期刊、承担项目、成果奖励的等级化取向,考评体系的工程化导向,学术管理的行政化取向,学位论文特别是研究生学位论文的失范与不端行为,教师和科研人员的学术违规与不端行为,领导干部和学术权威的学术腐败等。

就研究生培养方面涉及的学风问题,主要有:

课程论文、学年论文及期刊论文写作的学术失范。有些研究生在做作业、撰写小论文时认为是给老师交作业,既不公开又不对外,故直接在网上粘贴,匆忙应付。有些没有遵守论文的写作规范,没有详细准确的标注。从学术规范的学理上讲,没有详细准确的标注就属于学术违规,或学术失范,程度严重的就可能被视作抄袭。希望同学们注意,从技巧和方法上要做声明,对论文引用材料的出处要准确,尽量从最早的出处引用,尽量不要转引,所引出处尽量给出书证,而不是凭借记忆。

学位论文的师生公开声明形同虚设。硕士生、博士生的学位论文前面都有一个公开声明,声明中的一些内容就涉及学术规范问题。声明要求论文中的内容、观点、材料、数据等除公开引用之外,其他的都是本人的研究所得,并由学生本人和指导老师共同签字。但很多学生在签字时并没有想到该声明是有约束力的,很多指导教师在给学生签字时更没有想到自己要对此承担连带的指导责任。

师生共同发表成果,共同署名,却无共同承担责任的意识。成果一旦出现问题,受到指责攻击或受到调查时,老师往往推卸责任,诿过于学生。而一旦获得荣誉、奖励时,老师则将此完全视为己有,独自享有荣誉。所以,共同合作者关系微妙,很难久远。长期矛盾龃龉,一遇利害冲突,各种积压的问题就会显性化,或向有关部门举报,或投书媒体,或对簿公堂。几十年的学术友谊,一朝变为仇敌。

鉴于学风问题层出不穷,学术不端和学术腐败影响恶劣,中国科学院、中国工程院、中国社会科学院、教育部都相继成立了学风建设或学术道德委员会,各科研院所、各部属和省属高校也陆续成立了类似的机构,纷纷颁布出台了关于学术道德、学术伦理、学术评价的一系列规定[参见中国科研诚信网(www. sinori. cn)、学术批评网(www. acriticism. com)的相关栏目汇集],希望能遏制腐败,端正风气,有诚信地从事研究,使包括古代文学研究在内的哲学社会科学研究能在干净的学术环境中健康发展。

学者赵馥洁认为人文科学的学问乃寂寞之道，著书属寂寞之业。赵先生认为"寂寞之道"包含三个要素，即静心、平心和乐心。他在研究生培养中强调"戒浮求实"的学风教育，归纳出"学风十戒"，每届研究生入学都要对他们进行学风教育。这"十戒"分别是：

> 一曰戒满，满则无求；二曰戒骄，骄则无识；三曰戒惰，惰则无进；四曰戒浮，浮则不深；五曰戒躁，躁则无得；六曰戒急，急则不达；七曰戒粗，粗则易错；八曰戒袭，袭则无创；九曰戒奇，奇则常谬；十曰戒名，名则难实。（周敏主编《陕西社科名家风采》，陕西人民出版社 2011 年版，第 131—132 页）

三、学术史与学术综述

讨论学术伦理与学术道德，首先涉及对学术史的尊重、对学术综述的重视。如果抛开学术史与学术综述，讲学术伦理实际上就是一句空话。

所谓的学术史是指专题的学术研究的知识谱系。学术史的意识古已有之，清代学者已经开始注意对前代的学术研究进行总结、整理。学案实际上就是学术史的一种表述方式，研究一个问题，应该尊重这个问题的学术史。学术史又叫作研究史。问题最早由谁提出,发表过哪些文章?汉代学者怎么看,南北朝学者怎么看,唐人怎么看,宋代学者怎么看,现代学者怎么看,中国的学者怎么看,西方的学者怎么看?在自己进入该专题的研究时,应将相关材料条分缕析,梳理清楚。对昔哲今贤的成绩与不足,功过是非,应有一个简明扼要的判断。关于学术史的陈述,主要存在以下几方面的问题:

首先,有些人根本没有学术史的意识。这种情况很多,尤其是对真正的学术研究与科普领域内的通俗读物之间没有一个严格的界限区分。有时,把专题研究当科普小册子来写,为求通俗易懂、形象生动而夸张失实;为便于阅读而省略了应该交代的材料和出处;为吸引媒体和大众,删掉对复杂过程的深层说明,浮浅简单地下断语。大众则浅尝辄止,满足于从二手的通俗读物中获取一些似是而非的知识。于是通俗读物需求量大增,雄踞书刊排行榜之首。通俗读物作者名利双收,趾高气昂。社会大众、管理部门、行政领导以通俗读物的畅销和科普作者的走红期待严谨的学者,学术圈出现了可怕的"劣币驱逐良币"的怪异现象。

其次,仅仅将文献按时代顺序罗列、堆砌在一起,相当于资料长编,没有任何学术评判。这类现象在硕博士论文中大量存在。有人说一个学者与所研究对象的关系具有二重性,第一重是恋人关系,学者把研究对象看成自己的恋人,喜欢它、热爱它。对研究对象有浓厚兴趣,所谓"衣带渐宽终不悔,为伊消得人憔悴",研究才能不断深入下去。当然,过度的偏爱容易让研究者的评价失去公正,学术研究的客观性永远应是第一位的,所以学者的第二重身份是法官。法官重证据,重材料,客观公正。研究者要像法官一样,对传唤到的各方证人提供的材料即所谓的呈堂证供,作出准确、公正的评判。这样才能确保研究的科学客观。

学术史的梳理表面上很容易,其实很难。如果做到位,相关研究就能找准学术出发点。学术研究有两难:一难是该项课题没有先行研究,别人没有做过,自己也没有做过,整个一个空白,要从零开始,既好又难;另外一难就是有过多的研究,形成了过度开发,或研究投入过热。比如关于礼制、仁政、博爱、意境、形神虚实、文学典型等问题,在浩如烟海的成果中要找出属于自己的切入点确实很难。中国思想史、文学史的研究就面临着这种困难。这需要研究者高屋建瓴,有很严正的学术立场,很独特的学术视角,才能对学术史进行评判。

学术综述有各种形式,有年度综述、会议综述、期刊综述、专题综述等,它与学术史是息息相关的。年度综述指对一年来某个问题的论文、著作等成果进行归纳。会议综述、期刊综述,顾名思义,比较好理解。专题综述的时间段相对长一些,几乎近似于一个学术史。

有关课题学术研究的综述,应该在写作中从文字上落实到位。内地的一些学术文章质量虽然不错,但是在学术表述方面不如港台及海外学者的文章到位。初学中文论文写作,建议学习港台及海外学者的文章套路。港台学者的论文把写作过程的几个部分全部呈现出来:从引子提出问题到对材料综述,到个人的出发点,到个人对问题的展开,到个人得出的结论,在文字上都有非常清晰明白的表述。虽然文章篇幅稍长,甚至略嫌冗繁,也很浪费时间,但是中规中矩,明明白白。学术价值不一定都很高,但能指示初学者以轨辙。

前期研究与预研究。所谓的前期研究主要指个人已经做或正在做的相关研究工作。所谓的预研究,就是指研究者对这个课题已经有一些思考,可能一些思考已经形成文字,甚至公开发表了。过去的选题论证不太重视前期研究,但是目前在申报国家社会科学基金、教育部人文社会科学研究基金、国家博士后科学基金、国务院古籍小组项目、教育部高校古委会项目等课题时都非常重视前期研究。如果没有充分的前期研究,是很难申请成功的。同学们在撰写论文、做报告时也一定要向老师证明自己做过什么,让老师及同行相信自己是本课题的最佳承担者。

有了前人构筑的学术史和自己的前期研究,就形成了一个专题的序列和谱系。坦率地说,现代科学体系中的古代文学研究,绝对不可能一夜成名,也不可能一开始就做到古今中外的打通。因为它不同于演艺圈，它需要长期的学科积累。只有在一个课题上慢慢地不断地做，旷日持久，日积月累，才可能有所突破。初学者最忌讳如狗熊掰苞谷，或如狙击手打一枪换一个地方。今天做这个，明天做那个，到最后仍无自己的立足之地。由于专门化程度较高，内地可能与海外学界有差别，高校和研究院所的教研室与研究室体制比较忌讳研究者古今中外通吃，比较肯定学者首先专精于某个问题，在此基础上逐渐扩展研究视野，从唐代转移到宋代，从宋代转移到清代，从清代转移到五四时期，从关中研究转移到江南研究。古代文学研究界的同仁都知道，老辈学者中钱锺书中西打通，古今打通，知能并重。但有人指出他的打通中西也是有特定范围的，他不写考据文章，没有发表过关于甲骨文研究、金文研究、敦煌研究、吐鲁番研究的成果。陈寅恪自称他自己的研究"实限于禹域之内"，"不敢观三代两汉之书，而喜谈中古以降民族文化之史(陈寅恪：《陈垣西域人华化考序》，《金明馆丛稿二编》，生活·读书·新知三联书店 2001 年版，第 239 页)，即所谓的"不古不今之学"。郁贤皓的成就主要集中在李白研究、唐刺史研究和唐九卿研究领域。傅璇琮先生是一位大家，但他的研究也主要集中在唐宋时期，他近三十年的成果大多与唐宋有关。可见知名学者虽具博识通观，但研究上仍各有重点。

所以，初学者最好从某一点做起。胡适之"一篇文章主义"的说法很有道理。如果一篇文章打响，在一个领域里就有了研究的前期准备了。大家在刚出道的时候，要有自己的一块自留地，不要做学术上的流寇主义，不要在学术上打游击战，而要打阵地战，首先在一个圈子内安营扎寨，稳扎稳打，做到竭泽而渔，攻下一个城堡，然后再进行战略转移。如饶宗颐、王水照、蒋寅等。

标注与致谢。对学术机构、学术同行给自己的支持和学术贡献应表示公开的、公正的感谢，落实到书面上就是标注与致谢。还有一些标注，应该注明课题、项目的具体情况。有一些研究可以自己完成，但有些研究则需要图书馆、博物馆、实验室等机构的配合；有些田野或实地考察还需要调研的部门及工地的配合支持；有的研究曾获得企业基金、民间基金、非政府基金的资助，都应该公开致谢。许多同学在学位论文和期刊论文中仅仅对导师致谢，且夸大其辞。这样并不好，感谢的话也应该实事求是。

四、问题意识与学术出发点

什么叫问题意识？所谓问题意识是指在明确前人研究的高度和深度的同时，发现前人研究的瑕疵、遗阙、不足、缺陷，或者说前人的空白，找到对这些问题的解决方案、修正方法、弥补建议，或者在前人已有方案的基础上，从视野上、方法上、路径上、工具上、材料上、细节上等方面提出新的解释、新的对策、新的修正。

问题意识是学术研究中最核心的问题,如果没有问题意识,整个研究就会非常散乱,如木偶泥塑,仅有形具而无神气;有了问题意识就能纲举目张,形散而神不散,使研究在清晰的指导下自觉进行。更重要的是,有了问题意识,学术上的突破和创新就有了实现的可能。

长期以来,学界认同陈寅恪的观点,视两宋新儒学的产生为我国思想史上最重要的"大事因缘"。何炳棣却撰文指出,思想史上最重要的"大事因缘"应该是墨者协助秦国完成统一大业,而本身却消溶于时代政治洪流之中。秦国转弱为强,人们一般都归功于商鞅变法,但事实上,应该归功于墨者的帮助。只不过,墨者原有兼爱非攻无私救世的清补良药,竟被时代巨变无情地化为本身生命的强酸消溶剂。他认为上述的质疑过程是国史和人类史上值得讴歌赞叹的永恒悲剧(何炳棣:《国史上的"大事因缘"解谜——从重建秦墨史实入手》,《光明日报》2010 年 6 月 3 日)。上述的质疑过程是问题意识的一个极好的案例。

事实上,在具体研究中不是大家不承认问题意识,而是真正要找到问题很难,把问题落实下来更难。问题意识应从两个侧面理解:第一,问题有真问题,也有伪问题。我们的问题意识是对真问题的追溯,对伪问题的抛弃。有的问题是真问题,对真问题不能轻言放弃,要像福尔摩斯断案一样,对任何蛛丝马迹都抓住不放,一查到底。有的问题是伪问题,不要在这方面过多浪费时间精力。第二,问题有理论问题,也有实践问题。有些问题是理论问题,尤其是基础理论的问题,基础理论研究中凸显出的问题,在学术中非常重要,这些问题对我们做文史哲研究是非常有价值的。但还有一些问题,好像在理论上没有什么价值,实际上是一个实践问题、体验问题,多是在社会工作中或者在艺术实践中存在的问题。从事古代文学研究的人一般对理论问题、材料问题比较敏感,而对实践问题、体验问题、感受问题不是很敏感。这涉及细致敏锐的艺术体验、艺术感知,也涉及能否用恰当的文字将这种体验感受传达出来的问题。

五、学术评价与学术审查

(一) 学术评价标准

学术评价的标准有唯一的标准,也有多重的标准。狭义地理解,学术评价的唯一标准就是学术的标准。探求真理、获得真知是古今中外自然科学与社会科学的共同责任,这是毫无疑问的。但是人文社会科学研究(也包括自然科学研究)有时候又要涉及多方面的问题,不能仅仅局限于从学术的角度思考。所以,对学术评价的标准如果表达得周全系统一些,应该包括学术的标准、政治的标准、宗教的标准、种族的标准、阶级的标准、道德的标准。尤其是从可行性角度讲,比如关于生命及器官克隆成果的评价,恐怕就不能仅仅围于生物科学和基因科学,还涉及道德和宗教评价问题。又比如研究宗教课题,如果研究的是古代宗教史的问题似稍微简单些,如果是研究当代的一些敏感的宗教问题,就必须考虑到宗教的标准。当然还有政治标准的问题、种族标准的问题,等等。

古代文学研究中究竟应持大汉族沙文主义还是国内各民族平等的标准? 国内各民族的平等仅仅是指现有的五十六个民族的平等吗? 对历史上的少数民族应该怎么看待? 怎么看正统的问题? 葛剑雄的研究指出,魏晋南北朝时期的鲜卑民族,在不断迁都和不断汉化的过程中,鲜卑语言逐渐消失了,最后连鲜卑民族也不再存在,从民族融和及汉化的角度看,当然是重大成就。但从文化多样性和保护多元文化角度看,北魏孝文帝拓跋宏究竟是盖世英雄还是千古罪人? (参见葛剑雄:《盖世英雄还是千古罪人:元(拓跋)宏及其迁都和汉化》,《读书》1996 年第 5 期。又见葛剑雄:《统一与分裂:中国历史的启示》中的相关论述,生活·读书·新知三联书店 1994 年版)

落实在文字上,对一些措辞用语也要注意,拙著《唐代关中士族与文学》中提到柳芳的《氏族论》中的一句话"代北则为虏姓",我在写作时故意避开"虏",而改用"胡"字。我认为"虏"是一个蔑称,暗含着大汉族沙文主义对其他少数民族的歧视,但"胡"是一个较中性的称呼,表达了坚持国内各民族平等的标准和立场(参见拙著:《唐代关中士族与文学(增订本)》,中国社会科学出版社 2007 年版,第 126 页)。古代文学研究中的爱国主义问题也是一个争论不休的问题,尤其是谈到宋代文学、元代文学、明清文学的时候,南方政权和北方政权的问题,前中原王朝和后来入主中原的统治者的问题,都涉及究竟是用现代的标准还是用历史的标准来看待,都应具体问题具体分析,不宜简单化、统一化。

(二) 学术评价的规范表达

教育部《高等学校哲学社会科学研究学术规范》中对学术评价规范的措辞和表达提出这样的要求:

> 评审意见应措辞严谨、准确,慎用"原创"、"首创"、"首次"、"国内领先"、"国际领先"、"世界水平"、"填补重大空白"、"重大突破"等词语。(教育部社会科学委员会学风委组编:《高校人文社会科学学术规范指南》,高等教育出版社 2009 年版,第 56 页)

中国工程院颁布实施的《中国工程院院士科学道德行为准则的若干自律规定》则更具体地强调以下几个方面:

> 其一,慎重对待鉴定、评奖等工作。
> (1)在参加本专业范围内的上述活动时必须实事求

是,认真负责,坚持原则,客观公正地作出评价,提出明确意见,并对之承担责任。如有重大不同意见应拒绝签名或专门写明保留的意见。(2)对与本人专业无关或不熟悉专业的鉴定、答辩、评审、评奖、推荐等活动应予谢绝。不得自己要求(或通过暗示、授意)参与上述活动。(3)在上述活动中,如牵涉到自己亲属的(夫妻、子女、兄弟、姐妹等),宜说明情况,自行回避。

其二,发扬学术民主,努力培育新人。

(1)要谦虚、谨慎、戒骄戒躁,平易待人,反对专横武断、盛气凌人的作风。(2)对各种学术观点,特别是与自己观点不同的,要采取欢迎态度。积极倡导学术民主,开展公平讨论,不得压制不同学术观点,用事实和历史来判断是非。(3)要不断学习,更新和拓宽知识结构,适应新的形势要求。对不熟悉的专业不应以权威、内行自居,轻率表态,以防误导。(4)要甘为人梯,努力培育新人,为新人的成长创造条件并支持新人超过自己。(5)本人过去的学术观点被证明有误的,或工作中证明有缺失的,要勇于承认,不文过饰非。

其三,抵制炒作。

(1)不应以院士名义从事或参与商业性质的广告宣传活动,发现有假借自己名义进行的要坚决揭发和抵制,或通过媒体澄清事实真相。(2)在接受采访介绍自己成就时,要实事求是地、客观地反映他人或集体的作用。(3)对于要在报刊上发表的采访文章,本人要审阅、把关,以明责任。(《中国工程院院士科学道德行为准则的若干自律规定》,引自 http://www.cae.cn/cn/kexuedaodejianshe/kexuedaodeguiding/20090615/cae1104.html)

除此之外,可能还应慎用"我认为""我以为""我们认为""大家认为"等习惯用法和常见表述。

(三)学术审查的形式

学术审查的内容很多,目前常见的与高校和研究生工作相关的主要有:学位论文的审查,成果发表与出版的审查,成果立项、结题与奖励的审查,研究生及研究人员遴选录用的审查,各种各类职务职称晋升的审查,各种各类荣誉称号的审查。

学术审查的主要类型和形式有:具名审查与匿名审查、同行评议与上级审查、票决审查与议决审查、本单位专家审查与聘请外单位专家审查、本地专家审查与省外专家审查、境内专家审查与境外专家审查,等等。

涉及研究生的除出口的学位论文审查外,还有入口的入学申请注册审查、论文开题审查、论文中期审查、论文预答辩审查等。从程序正义角度来看,这些环节不宜省略;从严格过程、保证质量角度来看,这些环节也可以防止学术失范,过滤学术不端的许多问题。

最近,教育部社会科学委员会组编了《高等学校哲学社会科学研究评价指南》(高等教育出版社,2016 年出版),对学术评价的指导思想和基本原则、学术评价标准和指标体系、评价方法和程序设计、评价制度和组织实施等均有很明晰的阐释,对于包括古代文学专业研究生在内的社科工作者有切实的指导作用。

六、学术争鸣与学术诉讼

(一)学术争鸣

学术争鸣是推动学术发展的一个重要程序。学术论文和著作中的观点经由刊物、出版社或会议发表出来,通过学术讨论和争鸣,才会得到传播,引起重视。在复杂的传播过程中,一种学术观点有时会被全部接受,有时会被有选择地部分接受,并因此引发批评、更正、商榷等;而学术观点的影响在传播中有时会被降低或减弱,有时被放大,有时也会被误读或曲解。

赵普"半部《论语》治天下"的说法就是一个在传播过程中被扭曲放大了的例子。学者蒋非非在《光明日报》撰文指出,赵普并未说过类似的话,这是南宋理学家为传播理学的需要编造的谎言。事实上,《论语》在唐宋以前是小儿蒙学读物,即最基础的初级教科书。"四书"与"五经"并称,是南宋以后才出现的。士子从以"五经""九经"为重,变为以"四书"为重,是由宋代理学家的大力提倡而开始的,元以降的科举考试又以"四书"为主要内容,使《论语》的地位不断提升(蒋非非:《流传千载的一句谎言:半部〈论语〉治天下》,《光明日报》2007 年 11 月 23 日)。当下的"国学热"中有一种倾向,就是将《论语》在整个中国前现代社会的作用和重要性无限夸大。这是前代学术观点在接受过程中被放大的一个案例。

学术争鸣也是库恩科学革命范式理论中一个重要的环节;科学真知要从假说变成常识,必须经过长期的激烈争鸣甚至尖锐斗争才有可能实现。

(二) 学术批评

学术批评是学术活动中的常态。公开发表自己的学术成果、阐明自己的学术观点就要有面对批评的心理准备,害怕学术批评的人,恐怕只能述而不作。一些学术会议的论文评议中,以褒扬为主的意见当然会给人鼓舞,催人奋进,有它的好处;而有些比较严格的评议人会尖锐地提出批评意见,我们也应当看作是学术批评本来应具有的常态。一种观点、一篇文章发表出来如没有人提及、没有人批评、没有人引用,才应该感到悲哀。学术批评和评论可以使我们不断完善、进步,所以我们要以正确的心态来看待,要保护不同的批评意见,要让不同学派的不同观点有发表和申诉的机会与空间。

目前内地研究生论文答辩中流传着"批判从严,处理从宽"的说法,"处理从宽"是否妥当,尚可商榷。但"批判从严"毫无疑问是应该的,学术批评应逐渐回归和恢复它本就具有的尊严。

学术批评可以是对某个单独成果的评介,例如书评。在西方学术界,书评与学术论文同等重要,而撰写书评的作者往往学术地位很高、在某一领域中造诣颇深,他们的评论也因而具有举足轻重的意义。内地的情况则有些不同,书籍作者的同事、学生皆可写书评,且多以褒美为主。但是,这种风气也正在悄然发生变化,有学者提出要提高书评地位,要求书评不可过分溢美失真,进而鼓励要有批评意见,要指出不足,要提出该成果进一步改进完善的空间。

学术批评的另一种方式是综述性的评论。综述可以是年度综述,如一年来唐代文学研究的进展、王维研究的进展等,年鉴、年刊中都刊载此类文章。由此推展,也有十年、百年、一个世纪、一个时期等一段时间的综述;另一类综述是专题综述,如牛李党争研究综述、文学地理学研究综述、《长恨歌》主题研究综述等。写综述要力求遍阅相关文献,将所有资料一网打尽,措辞不可抑扬失据,详略失衡,既不能过分溢美,也不可一味批评,这一问题在前一节中已谈及,此从略。

对学术批评的反批评。学术观点发表后,可能引来正面的肯定的评论,也可能招致负面的甚至是否定的批评。批评、商榷又可能带来反批评、反商榷。真理越辩越明,学术的发展就是在不断的评论与反评论、批评与反批评过程中得以推进的。这些问题处理得当,有益于学术的发展,反之则易成为意气之争、门户之争、派别之争。在批评他人的学术成果时,要反复斟酌,做到有分寸、有依据。力求句句有出处、字字有来历,不要把无根据的个人情感判断带入其中,酿成不必要的矛盾,尤其要尽量避免使用有人身攻击嫌疑的判断和字眼。

(三) 学术诉讼

学术批评也有引起法律诉讼的可能。某些成果被指控学术违规或学术不端,某些项目或成果被指涉嫌学术腐败,某些作者被指责为剽窃抄袭。有指责者直接向媒体或司法机关投诉,也有被告忍无可忍,诉诸法律,维护自身权利和名誉。近年来此类事件屡见不鲜,今后随着专利权及著作权法的普及,学术界的维权意识也会不断提升,这类诉讼案件可能会越来越多。

媒体报道与学术裁决。媒体对学术的传播和普及功莫大焉。当下网络媒体传播的即时性、立体性与广泛性远非传统媒体所能比拟,故学术的传播接受不能忽略媒体。但因媒体的大众性与非专业性,又使其在报道学术事件时不得不以最通俗、最简单的方式吸引大众。对学术争议和诉讼而言,媒体作为新闻事件报道可以,但在媒体上发表评论和判断有时未必妥当。各种媒体蜂拥而上,连篇累牍地跟进追踪,有时反倒容易把水搅浑，把问题搞复杂。学术问题需要学术共同体来评判，有时不是少数服从多数的问题，也不是发动群众运动所能解决的。

法律审判与学术评判。法律诉讼只是评判的一种方式，对于学术问题的评判可以有法律评判、道德评判、学术评判。但是，学术问题最好不要诉诸法律，对簿公堂。西谚说："让上帝的归上帝，让恺撒的归恺撒。"应该尽量限于在学术领域中进行批评和反批评，而不宜将矛盾都推到法庭。法律的裁决可以作为最后的迫不得已的一种解决方式，是无可奈何的下策，而不是优先推荐的方式。

（原刊拙编《中国古代文学研究方法导论》）

西北联大与学术自由

　　学校自治、教授治校、学术自由这些理念是构成现代学术共同体——大学的几个基本元素，当下讨论得比较多的大学精神，其核心要素恐怕也离不开学术自由。只有充分的学术自由，大学才有可能具有现代"乌托邦"的意味（萨义德语）。西北联大组建于民族危难之际，西安临大与长沙临大、西北联大与西南联大之设，不仅仅是躲避战火、安放书桌的临时之举，而且具有保存文脉、维系精神、着眼建国大业的良苦用心，南北两大民主堡垒矗立，象征着民族精神的挺立不坠。再加上迁往长汀的厦门大学等组成的东南联大等，构成了抗战时期大学教育的鼎足之势。而西北联大及随后出现的国立五校，又与西南联大、东南联大同中有异，恰似佛教中所谓的一花五叶，同传衣钵，各有法相，花果飘落，泽惠西北，瓜瓞绵绵，同气咸亨。今天振叶寻根，共同探讨联大精神，确实有特别重要的意义。本文拟从如下几方面讨论学术自由这一元素在西北联大及国立五校设立和运行过程中的表现、肌理与作用：

一、一花五叶：从西北联大的合与分来看学术自由

国立西北联合大学加上其前身的西安临时大学，共一年零十一个月(1937 年 9 月 10 日—1938 年 4 月 3 日—1939 年 8 月 8 日)，随后又分别以国立西北大学、国立西北工学院、国立西北农学院、国立西北医学院、国立西北师范学院等五校分院办学，坚持到抗战胜利，复员回来。对其中的"合"大家看法比较一致，对其中的"分"则议论较多，且不乏负面评论。我个人觉得分虽不是什么大好事，但也未必是大坏事。其实天下大事，合久必分，分久必合，分合皆有其自身的理路与缘由。

首先，西北联大与西南联大本身就都是较松散的大学联合体，与此前此后的有独立法人的独立大学完全不同，两校都采用联合办学的校务委员会管理模式。随后由西北联大析分的"国立五校"形散神不散，仍然是一个剪不断理还乱的大学联盟，无法彻底分开。其次，将京津地区的三校一院组合成联大，析分为五校，既是对当时各校来源实际的照顾，又包含着几分无奈。表面上看，是政府教育主管调停的失败，但实质上还是对学术自治与自由的尊重。能将几个办学理念不同、学科设置不同、培养目标不同的学校组合起来，本身就是因大敌当前、危难逼近，政府以抗战救国的使命号召各校舍小异求大同，故这种合只是暂时的，分则是长远的。后来不光是西北联

　　　　　　　　　　　　　　课比天大

大分开了,西南联大也分开了。只是时间上一个较长,一个较短,但分的本质没有变。一个四世同堂的大家族析分为一系列核心家庭没有错,一个本来就是松散联合体的大学群,析分为独联体中的个体,也不值得大惊小怪。更何况背后还有国民党中央旨意上下其手,校内外意识形态暗潮涌动、人事及派系纠葛矛盾。如果不是从长官意志出发,强令进行合与分,而是照顾实际的分设,应该承认很大程度上仍有对学术自由的照顾和迁就。

二、从西北联大教授的派别与言论来看学术自由

有学者谓西北联大及后来的国立西北大学的校长中,赖琏、刘季洪出身国民党,阻挠学运、限制进步师生,并说校内不允许自由讲授马克思主义,这样看来当时并无学术自由。关于联大四常委及西大的赖、刘两校长,介绍研究的文章逐渐增多,细节也越来越清晰,包括《天下》第二、第三辑,及"首届西北联大与中国高等教育发展论坛"文集所收论文中都有文章专门介绍,此不赘述。说西北联大校内不允许公开讲授马克思主义是属实,但同样西南联大校内也不允许公开讲授马克思主义,这并没有影响西南联大标榜"独立精神,自由思想"。其实西北联大校内有不少公开的左翼教授,如中共早期领导人罗章龙,在美留学期间加入美国共产党的章友江,俄文教授曹联亚(曹靖华),文学院院长马师儒等。虽然有遭解聘的法

商学院曹联亚(曹靖华)等 13 人之令,并且还有马师儒陕北之行在延安公开讲演,内容在重庆《新华日报》公开刊登,但同样遭解聘。国民党反对马克思主义、防止共产党是一贯的,抗战以来,特别是"西安事变"后,在新一轮的国共合作背景中,客观地说是有所松动。何况,意识形态之大防,与学术自由还不完全是一回事。西南联大教授张奚若在"一二·九"运动中,协助政府将张申府教授赶出清华,因为后者被控告在课堂上讲授马克思主义(易社强:《战争与革命中的西南联大》,九州出版社 2012 年版,第 153 页)。这说明严防马克思主义在西南联大与西北联大是一样的要求,至于主校政者如何贯彻、教授如何迎应,学生如何理解,要具体分析,不能一概而论。

再大而言之,整个民国时期,国民党推行党化教育,视共产主义为仇敌,但这并没有妨碍学界对民国时期的"范儿"和"先生"的崇仰,也没有否定早期大学教育具有学术自由这个基本判断。

三、从西北联大的学生活动来看学术自由

据史料介绍,当时西北联大的学生社团很多,有公开的,有地下的。公开的如三青团、秦腔剧团、京剧剧团等。地下的如自励读书会、真理卫队、流火社、学生自治会(见牛汉自述)等。

学生活动与学潮也很多,内容及主题丰富多彩,有抗日的,也有抗校政的。对校政抗议有的是对政策及现状不满,有

的是对领导者不满。如 1940 年西北大学的"驱陈(石珍)运动",又如 1944 年西北农学院申讨周伯敏,要求撤换。还有其他的一些风波,如 1942 年西北大学外文系对当地小报报道他们应试滇缅战区翻译官口试"笑话百出",遂将报馆设备大半捣毁,于是报馆具状告到汉中地方法院(张维华:《我在西北大学经历的风波事件》,《天下》2012 年第 3 辑)。

值得一提的是,赖琏由西北工学院院长兼任西北大学校长后,与左翼学生"约法三章",并给学生写信,劝说学生认真读书,不要干涉校政,不要参加学运(高远:《世事纷纭说赖琏》,《天下》2012 年第 2 辑)。爱校爱生,用心良苦,客观上化解了许多矛盾,使风雨飘摇中的教学与学术得以维系。

西北联大和国立五校在当时很活跃而后来成名的学生不少,如李满红(陈墨痕)、牛汉(外文系俄文组)、齐越(新闻系)、唐祁(历史系,九叶派诗人)、尹雪曼(政治系)等。

四、自由与救亡:国难时期的双重变奏

民国时期的大学中,学生及教授追求民主,争取自由,都应该充分肯定,大后方及国统区的有限民主和自由,和进步人士的持续抗争分不开。

西北联大及国立五校期间,正是民族危亡之际,全民抗战,枪口一致对外,蒋介石作为全国的元首和军政长官,号召"一寸山河一寸血,十万青年十万军",西北大学地质系教授郁

士元要求参军杀敌,西北大学前后有三百多名学生参军,有许多直接到了滇缅战区等抗战前线,杀敌御侮,精忠报国。这些都是应该浓墨重彩,大书特书的。

在战时,学校组织军事训练,开设军事课程。姚远教授主编《西北联大史料汇编》专设一章,记录抗战文选、军事管理与军训、抗战活动与宣传,数据丰富,内容翔实。说明联大师生识大体明大义,忍辱负重,抗战能最后胜利,有广大的群众基础。

战时的这些严格要求与学术的自由是有矛盾的,国民党推行的抗战政策与策略与在野的共产党及一些左翼团体的主张也不尽一致。西北联大的常委及后来五校的校长院长们,虽也矛盾颇多,但能体谅国难,在处理政府、校务、教授、学生的多方面错综复杂的关系中,极尽委屈,极力平衡,做了大量的沟通工作,在当时受到很多误解和攻击,在后来又受到更多的批判和羞辱。今天从大历史的视角看,应充分肯定他们在时代大潮中所作的具体贡献和曲折努力。后来者回看这段历史,亦应多些"温情与敬意"、"了解与同情",少些简单粗暴、架空高论。

五、简单的结论

西北联大期间,学校的办学条件虽然简陋甚至奇差(据说战时大后方教育文化中心有"三坝"之说,分别是:成都华西坝、重庆沙坪坝和汉中古路坝,其中华西坝被誉为"天堂",沙坪坝被称为"人间",古路坝则被恶称为"地狱",足见在"三坝"之中办学条件最差),教授和学生的生活虽然异常艰苦,但是学校的教学能正常开展,学校的科研能因地制宜地推进,学校的基本学术自由依然存在,西北联大遂因此成为抗战时期学术教育的一个重要堡垒。比较三所国立"联大"的人才培养,西北联大及五校培养学生 9257 名,西南联大培养学生 2522 名,东南联大筹办期间招收学生 488 名,可见西北联大及其分立五校在抗战期间培养的学生最多(引潘懋元、方光华之说),对国难时期的民族解放输送人才最多,贡献最直接。但是因联大是三校一院的松散联合体,本身就有许多差异和歧见,国民党推行的"党化"教育与民主运动的不断冲突,学生、教授、学校与国民党中央教育部几个环节经常化有效沟通的缺乏,大学自治与国难救亡的实际矛盾,学校独立与办学经费对政府的高度依赖,战时临时之举与开发西北长期建国愿景的游移模糊,诸种矛盾的交互作用,形成了一个隐形的推手,使得学术自由并没有真正成为学校壮大振兴、学术繁荣发展的驱动力,反倒成了异见蜂起、党争激烈、派系冲突、学运酝酿的借口,授国民党政府以柄,加速了联大的解体。西北联大的史实说明,仅仅靠学术自由一端还不足以维系并办好一所大学,可能需要诸种条件同时作用,才有望办好一流大学。

(原刊《西北联大与中国高等教育》)

抵抗遗忘

一个记忆唤起千百个记忆。

[俄]赫尔岑

人类反抗强权的斗争,就是记忆反抗遗忘的斗争。

[捷克]米兰·昆德拉

《西北联大与中国高等教育》一书中收有方光华教授《记住西北联大》一文,提出了这个话题的正命题,陈海儒教授《西北联大为什么被湮没》也涉及这个问题,本次会议上刘海峰先生的《历史需要诉说:西北联大的命运与意义》也触及这一问题。本文回应各位学者的相关讨论成果,提出反命题:为什么历史遗忘了西北联大。而这一反命题至少包含着三个层面:遗忘的原因;为什么不该遗忘;怎样才能不被遗忘,也就是我说的抵抗遗忘。至于本话题的合命题,则非某之所敢知,有待于历史学家与联大的继承者们戮力奋斗,通过教育改革和教育创新的成就来共同书写。

一

历史总像一个高年的老人。老人的记忆具有删除性的特点,要么删除了当下的内容,而保留了很久远以前的一些影像且栩栩如生;要么删除了具体的过程,而保留一些简单的结论;要么删除一些非主流的、非主要的,而保留一些主流的、主要的。20世纪前半叶的大变革,导致启蒙、救亡、政治、革命成了主流和流行,教育、科学、学术、实业、文化、传承与守护成了非主流、非时尚,长期淡出人们的视野,给历史记忆的活动分子腾出舞台,让那个时代的主要事件和主角能以活报剧的形式充分表演。应该说,每个时代大多如此,20世纪也没有例外,这是可以理解的。

从这个意义上说,不光是西北联大被遗忘了,西南联大也被遗忘了很长时间。我们长期耳熟能详的只有抗大、鲁艺、陕北公学,而不是西南联大、西北联大、燕京大学、辅仁大学、圣约翰大学、协和医学院。就连文学作品,我们也只记得杨沫的《青春之歌》,而很少人读过鹿桥的《未央歌》。

还记得《未央歌》第一次在大陆刊行简体字版时,出版方用煽情而非准确的语言推荐道:当内地读者在读《青春之歌》时,港台海外华人在捧读鹿桥的《未央歌》。名导演李安让名演员汤唯了解张爱玲《色戒》的时代背景时,推荐阅读的也是

《未央歌》。

但历史的删除具有复杂性,除非秦始皇的焚书烧毁所有的文献,否则删除只是部分的。删除了前台的,还有后台的保存;删除了流行的时尚的,还有专业的保存;删除了活记忆中的,还有死记忆中的保存;删除了硬盘上的,还有软盘上的保存。

今天我们能在联大办学的旧地汉中召开会议,明天还要到城固到古路坝凭吊,发思古之幽情,在在说明历史还被保留着,且活在我们心中。"石在,火种是不会熄灭的。"(鲁迅语)文献的历史可能不被重视甚至被删除,但蟠冢山、汉水滨、古路坝是删除不掉的。

记忆还有选择性特点。有些材料被遗忘了,有些则保留着。选择保留什么、不保留什么既有主观的因素,也有客观的因素。

历史记忆还有两面性甚至多面性特点。新闻记者可以从目击证人口中获得第一手资料,但往往几个证人的看法并不一致,甚至是互相矛盾的。单个案件是如此,复杂的历史事件更是如此。同样的一部国民党历史,台北的叙述与北京的叙述有很大的差别。同样的联大经历,每个当事人的口述,每个分立学校的记录也有很微妙的差别。正如西哲蒲柏所言:"见解人人不同,恰如钟表,各人相信自己,分毫不差。"

长期以来,陕西不光是兴学设校、教育救国这些文教事业被遗忘了,就连辛亥革命打响第二枪、中条山陕军坚持抗战这些更重大更具有新闻效应和历史意义的事件也被删除了,当然包括渭华暴动、南梁山革命、照金根据地这些内容也被阶段性地遗忘掉了。

历史有一个博大的库存,但取用档案的学人们总是根据他们为现实承担的某个课题各取所需,为我所用。于是普通读者只能看到博物馆中编排为某个主题的供陈列的那些历史面相,即碎片化的和被刻意编排过的供陈列的历史,而不是库存的全部历史。

二

国难时期,几所知名大学分别受命迁徙,保存读书种子,延续民族文脉,载驰载驱,慷慨悲歌,无论是南迁的西南联大,西迁的西北联大,还是东渡的东南联大,在现代大学教育史上都写下了辉煌的篇章,都应该肯定其应有的历史地位和历史贡献。

西北联大人才培养的规模和数量不该遗忘。按照潘懋元先生等的研究,比较当时三所国立"联大"的人才培养,西北联大及国立五校培养学生 9 257 名,西南联大培养学生 2 522 名,东南联大筹办期间招收学生 488 名。可见西北联大及其国立五校在抗战时期培养的学生数量最多(引方光华、潘懋元之说),也可以说对国难时期的民族解放事业输送人才最多,贡献最直接。

西北联大响应政府号召,肩负开发和建设西部的重任,成为后来轰轰烈烈西部大开发的历史先声。赖琏校长说:"我们要恢复历史的光荣,创建新兴的文化,建设名副其实的西北最高学府,真正负起开发大西北的重大使命。"(《西北学术》创刊号,1943 年 11 月)本次年会论文集收有赵万峰《论"开发西北"热潮对西北现代高等教育发展的推动作用》一文,对"开发西北"概念的由来有较多叙述,可参读。今天,回顾反思西部大开发的发展,开始新一轮建设之前,有必要重温这段历史,汲取历史教训,吸收学人们的智慧。

西北联大迁至国共割据的前沿地带,但也西行至民族文化精神家园所在。为保有、传承、弘扬传统文化做出贡献。正如黎锦熙先生为西北联大所写的校歌歌词:"华夏声威,神州文物,原从西北,化被东南,努力发扬我四千年国族之雄风。"刘志聪教授当时发表《西北最高学府的风光》,指出联大及分立学校的几个责任:第一,恢复西北文化;第二,振兴蒙回教育;第三,完成教育布点;第四,注重西北考古;第五,注重地质考察(《西北学报》创刊号 1941 年 1 期)。郭文鹤将此概括为三端:"发扬民族精神,融合世界思想,肩负建设西北之重任。"(参见郭文鹤:《〈西北学术〉发刊词》,载《西北学术》1943 年创刊号)这些具有战略意义的设想,放在今天仍有深谋远虑的前瞻性。

当然,西北联大多科技知识分子,少人文知识分子,特别是文学艺术类的知识分子、公共知识分子影响较小,尤其是有自由主义思想的知识分子更少。

西北联大激进的知识分子多,而保守的知识分子少。从短时段来说,激进知识分子容易吸引眼球,但从长时段来看,保守主义知识分子最终会被历史接受。

还有,西北联大的师生绝大多数投身于当时的救亡图存使命,或在滇缅前线,或在川陕后方,或服务于国民政府的"党国",或投身于延安的红色革命,或军政或文教。1949年天地玄黄,绝大部分留在内地,较少部分随国民党退守海陬台岛。但是转徙至欧洲或北美者较少,在欧美从事文教事业且有大影响者更少。这就使得西北联大用今天学院化、技术化的评价标准来看,在"国际影响"这一项指标上受到局限。

从西南联大毕业但长期从事进步活动的一些内地学者,在打倒"四人帮"后访问北美时颇多感慨,认为那些不关心政治、仅研究问题的同学留学海外,这些人在海外的学术地位本应属于他们这些进步青年。这就有点像《青春之歌》中的卢嘉川等,风风火火革命几十年,最后在反右、文革中自己反被"革命"了,打倒"四人帮"平反冤假错案,但已到了垂暮之年了。而余永泽等跟着胡适之博士研究问题、小心考证的学人,1949年前后陆续漂泊海外,反倒成就了他们的国际学术地位。或许西南联大既有卢嘉川,又有余永泽。而西北联大主要是卢嘉川一类的进步知识分子。

三

联大的继承者以这样的方式每年召开一次高层学术会议,并让相关媒体参与,这样有助于加强记忆。

姚远先生在西大的支持下成立西北联大研究所,汇集编辑有关联大的史料文献,在此基础上如能再编一部规模较宏大的西北联大校史,也会有助于记忆。

在原设校的汉中城固古路坝等地刻石勒碑,倡议建立西北联大革命遗址,将其作为大遗址保护起来。陕西汉中理工大学设立专题博物馆,成立相关研究机构。西北大学在新建博物馆中对陈列的联大历史文物内容不断补充,都有助于打捞记忆。

西北联大时期的师生迄今已进入耄耋之年了,找寻生存者,抢救活史料,留下口述历史,刻不容缓,这可能是抢救历史记忆的当务之急。

原来联大的组成者及后来分立的多所学校,花果飘零,分散在全国各地,行业性质不同,如能成立一个松散的联盟,在协同创新、实验室互相开放、图书资料互借、课程互选、学分互认、师资流动、资源共享等方面达成一致的看法,那么联大的生命就不仅仅是留存在文献的历史中,而是活在联大精神复兴的现在与未来中。

当年,重庆国民党高层的一些人担心靠近延安而又激进

　　　　　　　　　　　　　　　　　　　课比天大

的西北联大师生被赤化,出于防共限共的用意,不断分化、弱化、淡化西北联大的影响。今天我们若真的遗忘了西北联大,岂不是上了他们的当,受了他们的骗,令亲者痛仇者快?所以我呼吁联大精神的继承者及关心现代中国大学教育的人要拒绝遗忘,抵抗遗忘。

(原刊《随笔》2014 年第 5 期)

教林杂说

百年回眸，邓林依旧蓊郁

文学院将编就的《西北大学中文学科110年论文集萃》
（以下简称《集萃》）打印稿转来，我得以先睹为快。几年前，我
曾委托原院班子一位老同志仿台湾大学中文系，编一部西大
中文学科或中文系的系史长编，未就。又曾建议仿北京大学、
武汉大学以校庆为契机，编一册学科成果的文集，仍未果。去
年新一届院行政班子成立，我旧事重提，校庆在即，诸同仁积
极投入，用力颇勤，体现了新班子的新气象。

职是之故，张弘院长嘱我弁言绍介，我本想婉谢，但环顾
左右，熟知中文系历史掌故的老先生多已风流云散，近三四十
年一直没挪窝仍执老宅祖屋看家护院杂役者，也寥寥可数了，
故我愿意借此机会，唏嘘之余，发几句感慨。

《集萃》所收文章起于1905年学科创设伊始，直到新世纪
恢复学院旧名以来，教授中凡曾在此弘道述学和仍在岗课艺
者，多有遴选。故时间跨度大，专业方向多，语言文学，古今中

外,名流云集,俊采星驰。徜徉乎其间,如入山阴道中,见云蒸霞蔚,气象万千。于此可仰我学科殿堂之宏大,柱础之坚实,连廊之曲折,雕刻之精美,亦能想象百余年来岁月之沧桑,祸患之频仍,鲁殿之飘摇,老成之凋零,令人举目苍苍,感极而悲者矣。孟夫子谓故国乃有桑梓乔木之谓也,吾谓中文学科之历史悠久者,有史迹斑斑可考,有文献累累可征,有前哲典型依然,有今贤龙象腾跃。尤其是以百年为限,改革开放新时期仅三十多年,教授入选者竟达六十多位,占总数之三分之二,成果丰硕,许多在岗者正值春秋鼎盛,步入学术黄金期,预示着学科在未来将会有更大的发展。此情此景,也增加了我的信心和勇气。《集萃》的编辑工作量大,且时间紧,任务重,负责编务者广搜博采,整齐划一,的确可喜可贺。爰将自己的阅读随想敷衍成六点,草录如下。

一曰时代风气,国际视野。陕西本周秦旧壤,长安长期为国际大都会。惟宋元以降,已沦为异族交侵之战区,晚近以来,更降为西北内陆之平常省份,于新一轮国际竞争已无任何优势。有识之士忧心如焚,与时俱变,倡导兴学,开发民智,鼓吹革命,打响辛亥革命第二枪,并从刚组建的新学堂中选送留学生赴日,紧追时代新风气。可见陕人于三千年未有之大巨变中,兴学、启蒙、革命、组党、留洋,凡事皆不甘落他省之后。《集萃》以樊增祥、崔云松两文置卷首,具有某种象征意义。两篇文章虽都不属严格意义的论文,但崔文中提及西大人的"四

　　　　　　　　　　　　　　　　课比天大

苦"一节很值得注意：

> 我陕之西北大学苦学校也，经过之历史苦历史也，诸君之入校肄业苦学生也，此次之留学亦苦留学也。人生境遇，处安乐则玩愒，处困苦则奋励，越王之卧薪尝胆，唐王之负弩庙呼，卒底于成而后已。以诸君入此苦校，身为苦人，此次连袂东游，吾知必能仰体都督兴学之苦衷，念及本校筹款之苦况，以越唐古人为师，痛目惕励，抱定方针，以期学成归来无负三秦父老昆仲之望。

序文就留学的题面引出苦学校、苦历史、苦学生、苦留学，劝勉学子要体谅苦衷，念及苦况，感情真挚，可圈可点。从比较教育学的角度来看，西北早期兴学留学异于东南者，原因有多端，但一"苦"字埋下西大发展历程中艰难困顿的伏笔。

西大不仅在创校伊始就努力选送子弟留学，而且在当时即从海外遴聘优秀师资执教，其中有数学教席足立喜六来自日本，教学之余，访问考察隋唐旧地，开文史研究重田野考察之新风气，种瓜得豆，数学教习在西安撰成的《长安史迹考》，不惟是日本东洋史研究之早期成果，而且也成了中国隋唐史学者的案头书。后来国立西北大学及西北联大期间，文学学科中的郑伯奇在京都帝国大学留学，许寿裳在东京高等师范学院留学，曹靖华在莫斯科东方大学留学，江绍原在芝加哥大学留学,吴世昌在哈佛大学燕京学社留学,于庚虞在英国伦敦大学留学,都是在国外取得学历或学位后来校执教。20世纪六七十年代以来,文学学科又先后有马天祥、杨昌龙、陈学超、杨晓安、苏冰、李浩、祝菊贤、何建军、高兵兵、张亚蓉、杨欣、陈敬玺、周燕芬、姜彩燕、孙尚勇等执教于海外,从事对外汉语教学,国际交流遂由单向的接受转为兼有输出。至于李均洋、赵晓丽、王迪生、袁峰、梅晓云、姜小卫、张青、赵小雷、张文利、时晓丽、张弘、谷鹏飞等先后赴欧陆、北美或东瀛等地做访问研究,交流学术;刘建军、董丁诚、赵俊玠、阎琦等在荣休后经常往返于地球村两端,20世纪初被视为畏途的国际旅行,早已成寻常等闲事。科技时代的迅猛变化,即使人文学者也有切身感受。故无论返国或旅外,耳濡目染,窗外的欧风美雨已内化成为一种精致的文化乡愁。

二曰学术原创,开宗立派。曾在本学科执教的黎锦熙、高元白的现代汉语研究在学术界都是有定评的。罗常培从唐宋俗语看西北方言,见人所未见。张西堂的《诗经六论》等成果迄今被治先秦文学者列为必读参考书。傅庚生和安旗对李杜作品的系统全面解读,充满了文学的灵性。故新时期伊始,西大学人首倡,学界呼应,在止园召开了首届唐代文学学术研讨会,成立了中国唐代文学学会,创办了《唐代文学研究》刊物。我校的唐代文学研究能被学界推为"重镇",固然与傅庚生先生、安旗先生的开创性研究分不开,而景生泽、王启兴、梁超然、韩理洲、阎琦、李云逸、雷树田、房日晰、傅光、李芳民等亦有大功德焉。唐代方向之外，其他各段如张西堂、刘持生、宋汉濯、赵俊玠、薛瑞生、张怀荣、李志慧、贾三强、张文利、刘炜评等亦学术特色鲜明。

文艺理论与文学批评研究，导源于郝御风、傅庚生先生。20世纪60年代科学院文学研究所与中国人民大学合办过一期文学讲习班，其中西大就有刘建军、何西来、张学仁等老师参加学习。粉碎"四人帮"后不久，教育部文学概论师训班委托西大承办，受教益者非止西大学人，后来在全国高校文艺理论执牛耳者多参训并受益。我能以本科生身份蹭会，一睹徐中玉、钱谷融、蔡仪、蒋孔阳、李泽厚等宗师丰采，亲承馨咳，也缘于这次师训班。单演义先生的文化名人在西安研究，特别是鲁迅在西安的研究，开鲁迅研究的新领域。其后本学科创办《鲁迅研究年刊》，开设鲁迅杂文、鲁迅小说研究课程，培养鲁迅研究方向的研究生，形成了鲜明的特色。此外，郑定宇、薛迪之、高尔纯、张阿利、曹小晶、高字民、薛凌开创的影视特别是西部电影研究，也起步很早。外国文学研究中的石昭贤、雷成德、曹汾、杨昌龙、李均洋、梅晓云、雷武锋、张青，也颇有影响，特别是石和雷与陕师大的马家骏并称陕西外国文学"三套车"。对于学科建设，这些都是标志性的事件，具有首创或原创的意义。

三曰续灯传薪，统绪依然。通览《集萃》，感觉本学科迄今仍有特色的学科方向与专业,诸如古代文学的唐代方向、文艺理论与批评史、陕西作家作品研究、西北方言研究等,都不是突然冒起来的,而是长期积淀形成的。《集萃》所选论文以古代文学居多,这也是古代文学作为本学科最早获省级重点学科及最早获准设立博士学位授权点的学理依据。本集选收傅庚生先生的《中国文学欣赏举隅》中的一章,文质彬焕,誉为精金美玉,未尝不可。傅先生解放后以杜甫研究蜚声中外,这是众所皆知的。但是,傅先生治学为何以杜甫研究为主?过去大家谈及并不多。提起他的老师废名,也多说废名在创作上给予他指导,较少有人关注废名先生的学术研究。检读最新整理出版的《废名集》《废名讲诗》等著作,可知废名先生除小说、诗歌、散文创作外,还有大量学术研究的成果,其中仅涉及杜甫的便有《杜甫论》《杜甫诗论》《杜甫稿续》,废名先生的这些论述和讲稿与傅庚生先生治杜甫有何关系?几年前,我曾指导一名硕士生撰写《傅庚生与唐诗研究》的学位论文,当时我们也没有关注这一层。阎琦教授在荣休前,声言自己将淡出学界,把自己兼任的中国唐代文学学会和中国李白学会的学术职务压在院里中青年学者身上,又扶上马送一程,情景感人。新史料的披露不仅会使学术研究更加深入,也将使学术思想史、学派史更加丰富,把学术承传的一些细节展露得更清晰。

此外,文艺理论与文学批评专业由郝御风、刘建军、董丁诚、何西来、张学仁、刘秀兰、张孝评、吴予敏、苏冰、袁峰、阎广林、牛宏宝、段建军、赵小雷、谷鹏飞等形成的传统，现当代文学由单演义、孟昭燕、蒋树铭、张华、周健、蒙万夫、赵俊贤、刘建勋、王富仁、任广田、陈学超、刘应争、杨乐生、周燕芬、姜彩燕、高俊林等的传承，都很值得梳理总结。其他专业如仔细追溯，也能看出一些发展的脉络。

语言研究也曾是本学科的一个优势专业，从罗常培、高元白、杨春霖、张志民、马天祥、郗政民、郝万全、边兴昌、吴天惠、刘百顺，到张崇、杨晓安、王军虎、沈文君、周东华，草蛇灰线，隐约可见。我迄今还记得1979年刚刚入学，边兴昌先生上《现代汉语》课，挥汗如雨，特别投入，大讲特讲从洪堡、索绪尔到乔姆斯基的西方语言学，尤其是乔姆斯基的生成转换语法，同堂听课的英语系同学说他们老师没讲过，也没找到边老师提及的相关英文文献。直到几年后，才见乔姆斯基在国内学术界大红大紫，但于我们中文系79级同学来说，对迟迟来到的学术旧闻，已颇有些不屑与闻了。可惜语言学科的黄金时光已逝去，复兴语言学科的重任可能要落在刘百顺、赵小刚、王军虎、沈文君、周东华几位学术中坚的肩上。

本学科还有另外一个方阵，这就是不断引进的各专业英才。稍早的有薛瑞生、雷树田、梅晓云、祝菊贤、张文利、张弘等，近年来则有赵小刚、孙尚勇、高兵兵、谷鹏飞、杨遇青、成明明、郭越、赵阳阳、王松涛、杨新平、郝润华、元鹏飞、邵颖涛等，在《集萃》中也收了他们部分人精心结撰的大作。近年来陆续从全国各地名校引进的博士有几十位,他们的加盟为学科输入了新鲜血液,使学科有了来自五湖四海的学术活力,极大地改变了这一学术共同体因原来成分单一而板结的土壤。今后从海内外遴聘优秀人才成为补充师资的最主要途径,故引进成了基本规则,这一方阵还会不断扩大,并在很大程度上影响着学科的未来走向。

四曰自由交流,学风醇厚。《集萃》收张纯一先生《读梁任公〈老子哲学〉》一文,与梁启超就老子哲学问题进行商讨,颇多发明,但辞义温和,所附梁启超两通复信,也宽容博大,从善如流。姑不论双方的观点,仅就学风而言,足令时下一些学人们汗颜。我读研究生时还听说韩理洲教授当年在硕士论文答辩时,知名学者、答辩委员会主席吴世昌先生对他的观点不赞成,毫不客气地指出,韩教授也耿直地响应。于是学术泰斗与刚出道的青年学者,唇枪舌战,互不相让,一篇硕士论文答辩了几个小时,双方观点不同,学生没有违心屈服,大师也没有仗势打压学生。此事后来在圈子中传开,一时成了学林佳话。时为79级学生的杨乐生曾在课堂给都政民老师提了一个刁难的问题,都老师不以为忤,第二次上课时还大夸特夸杨乐生"后生可畏"。

五曰化育人才,述而少作。老中文系的学人多听到过关于刘持生先生"述而不作"的传闻。吾生也晚,虽与刘先生有所请益,但未曾核实过这一掌故。师友中每言及此,都为刘先生才大而著述少遗憾。依我个人的谬见,无论是孔圣原意,还是刘先生的引用,"不作"应作"少作"解。所谓"不作"云云,恐怕是不轻意、不率然、不妄作的意思。从《集萃》录文及注释可以看出,老中文系的学人们相比于近二十年的学者,著述较少。这其中原因很多,也很复杂,不是一两句话能说清。强作解人,可能一是时代风气所致,另一是他们把主要精力用于教书育人,同时他们也不轻率地把个人的见解大批量地生产成所谓的论文、著作。恪守古训,以教书育人为第一要务,以述作为个人余事,这些民国时期教授的遗风,在20世纪五六十年代政治高压时期仍很盛行,在七八十年代虽还有人坚持,但已成孑遗。到八九十年代思想自由宽松了,却风气丕变,古训早已无市场了。时下以科研压倒一切、以论文著作论英雄、以数量代替品质渐成新风气,眼见教授们少了几分从容淡定,多了一些匆忙追逐,让我感慨良多。犹忆我刚到学院工作时,正值师资队伍新老交替之际,议论蜂起,批评之声甚烈,多谓学科衰落,但诟病的原因不是学科独立意志、自由思想的缺失,而是重点学科之多寡,学位点之有无,未能搔到学科建设的痒处,更未能指出学术的向上一路。我近年来到处讲人文学术研究要"少慢费优",反对"多快好省"的提法,曾经自矜是个人的小发明,其实还是中了老中文系传统的余毒。包括中文学科在内的老辈学人们所坚持的所守护的一些东西,可能会矫正我们时下高校的许多流弊。

六曰文学本位,知能并重。《集萃》所收文章的论题虽古今中外,内容丰富,但还是以作家作品为主要研究对象。至于有关文学史研究、文化史研究或所谓的社会文化综合研究,是后来兴起的风气,老辈学者们并不热心。

尤其突出的是,老中文系的学人于教学科研之余,多能进行诗歌、散文、小说、影视戏曲的创作,甚至还有以书法篆刻闻名者。老辈学人黎锦熙、胡小石、夏承焘、高元白能诗自不待说。特别是吴芳吉、于庚虞、郑伯奇都以诗歌或小说驰名禹域,傅庚生、刘持生、郝御风、杨春霖也都有作品行世。从西大师范学院走向学界的霍松林先生,除学术研究外,诗书俱佳。我入校时曾选修过武复兴老师的诗词创作课,此课后由雷树田老师续开,雷老师后来还出任陕西省诗词学会会长,长期主编《陕西诗词》。这一特色课现有刘炜评接任。能诗者还有郗政民、薛瑞生、房日晰、李云逸、阎琦、李志慧等。校友中雷抒雁任中国诗歌学会会长,他的成名作《小草在歌唱》,曾感动了一代人,开启了诗歌的新时期。薛天纬曾任新疆诗词学会会长,张君宽(月人)任西安市诗词学会会长,也都是得了老师的真传。2011年西安市承办世园会,城中凡有井水处都播放《送你一个长安》和《祓禊谣》,其歌词作者薛保勤、王军也是中文系77级、78级的校友。我近年来利用业余时间馂饤成篇,写点散碎文字,实受张华老师《星河清梦》、董丁诚老师《紫藤园夜话》、赵俊贤老师《学府流年》、费秉勋老师《杂家独白》的启发。同事中杨乐生、周燕芬、刘炜评、张阿利、高字民也时有美文刊出。

我在当学生时还认真听过郑定宇老师的《短篇小说创作》课，他反复引用帕乌斯托夫斯基的《金蔷薇》和福斯特的《小说面面观》，区别"圆形人物"和"扁平人物"，我至今记忆犹新。在此前后蒙万夫、刘建军、费秉勋、刘建勋等老师也辅导学生进行创作。中文系后来走出贾平凹、迟子建、杨少衡、吴克敬、白阿莹、黄建新、杨闻宇、张晓春、王宏甲、穆涛、潘飞、方英文、马玉琛、张艳茜、李傻傻等一大批作家、编剧、导演，获"作家摇篮"美誉，应该说与老师们长期研究创作、实践创作的风气分不开。安旗教授不光在李白研究中立新说开新派，她的《书法奇观》问世后不断再版，恐与长期同戈壁舟先生砚海探骊分不开。费秉勋教授虽是古代文学的专家，但在当代文学评论、舞蹈研究、周易研究各个领域都有建树，荣休后淫浸在古乐中，抚琴之余习字，长安市上一时纸贵。李志慧教授的书法也结体俊美，走上丰华一路。这样看来，校友中倪文东、梁星亮、柏一林走上书法创作道路，卓然名家，亦当与中文系风气的熏习有关。79级的梁文源毕业后从戎新疆，但却没有舍得"弃笔"，而是把学校里学的笔，磨得更加锋利，以笔当剑，又以剑乱舞，在人眼花缭乱中，秀出他的诗、书、画。梁文源的抱负很大，别人能有单项优胜就不错，他则想包揽诗、书、画三项全能。

藐余小子,根本无能力也无资格评价前哲时贤的成果,只能管窥蠡测,把自己的阅读随想匆忙记下来。《集萃》的收集编排,体例限制过多,故学术大师的精品也仅能暂尝一脔,很不过瘾;而因"教授"名分所格,不少优秀学人的成果竟未能收录,确有遗珠之恨。我在此借题发挥,无非是托兴寄寓。所谓述往事,思来者也。说"兰亭已矣,梓泽丘墟",是感伤主义的旧套。但夸父追日,杖化邓林则是一则具有中国文化意味的启示录,也是一则积极乐观的寓言。温故知新,继往开来,学科的枝繁叶茂而又参天挺立有赖于中青年学人们志存高远,发扬蹈厉,艰苦拼搏,永创一流,在新的百年取得无愧于中文学科的新成就。是所愿矣。

　　谨为序。

　　(本文是为《西北大学中文学科 110 年论文集萃》一书所撰序,原刊于《西北大学学报》2012 年第 5 期,题为《学林片玉,百载英华》)

陕人的精神自信

　　继《望长安》《大秦岭》《陕北启示录》之后,记录陕西文化精神的电视政论片《大风歌——陕西叙事》先后在陕西卫视和央视热播,引起了广大受众的持续关注,再一次把大家的注意力集中到对陕西文化精神的开掘、呈露、展现上。

　　如果说,《望长安》,特别是《大秦岭》和《陕北启示录》侧重从事件、事理和事物的层面展示陕西文化的话,那么也可以说《大风歌——陕西叙事》则把聚光点对准了人物,上下千年、千姿百态的人物的嘉言懿行成了拍摄素材,也成了展示的重点。据说片名原来拟题作《陕西人》,看来不是没有道理的。人与事、人与物是不可分离的,但人是事件的推动者,是对象的创造者,过分关注事件,人物就容易被淹没在历史洪流中,被碎片化,被虚拟化,所谓"大江东去,浪淘尽,千古风流人物"。在历史宿命论者看来,人物不过是因缘生灭过程中的匆匆过客,方起方落,方生方灭。《陕西叙事》全力展示创造主体,不仅使其在同类作品中不被淹没,无可替代,而且说明主创人员对文化认识的不断深化,不断自觉,从"物本"走向了"人本"。

《陕西叙事》可以矫正许多人的认识误区,即认为陕西文化以周秦汉唐为主,风云聚会,杰出人物也主要在这个时期。唐代以降,文化重心南移,从此陕西风流云散,人物凋零。事实并非如此简单,周秦汉唐固然是陕西历史上值得浓墨重彩、大书特书的章节,但陕西文化精神真正的哲学表述要等"关学"诞生后才形成;八国联军攻打北京,保护那对孤儿寡母的是这个千年古都;回应武昌首义打出辛亥革命第二枪的也发生在这座古城;此外如惊天动地的西安事变,砥柱中流的红色延安,说明唐以后的陕西在中国政治与文化上仍然扮演着重要的角色。从张载、王恕、"三李"、王鼎、刘古愚、张季鸾、张奚若、吴宓,一直到"民间顾准"杨伟名,在在说明,宋元以后的陕西人物,仍然是推动民族进步、社会发展的巨大力量。

《陕西叙事》还让我们看到了陕人精神历千年一脉相承的贯穿性特点。从周公的制礼作乐到吴宓以古礼礼聘国学大师王国维;从班马以保存民族记忆为己任,以史家良知直笔述作,到"民间顾准"杨伟名《一叶知秋》中的匹夫有责,底层担当;从汉代杨震的"四知",到清代王鼎的"四不",再到报界宗师张季鸾的"四不",数千年之间,大浪淘沙,沧桑巨变,但文化精神如一炬暗夜的火把,就这样以生命的接力不断传承,冥冥之中的这些不可思议,令后来者肃然起敬,为之动容,也为关于陕人"一根筋""生冷蹭倔"的谐趣表述注入严肃的担当和使命意涵。

《陕西叙事》再次印证了陕人具有开拓冒险精神的观点。很多年前,在一次答辩会上有学者对我著作中提及关中文化精神中具有"开拓进取的冒险精神",很不以为然,不能接受。后来的很多研究包括《陕西叙事》的内容再次印证这种观点是可以成立的。从传说中的周穆王驾车西行,到霍去病的封狼居胥,再到班固与窦宪的刻石燕然,再到伏波将军马援的南征,再到杜环早于马可·波罗几百年记录波斯、阿拉伯与北非,有深意的是郑和下西洋与郑成功收复台湾也都有陕西人的身影。通过李刚教授的清晰讲述,我们知道最早茶马古道的商队与走西口的边民中,也以陕西人居多,所谓"豆腐老陕狗,走遍天下有"的俗话就是这时传开的。现在大家仅记得"三十亩土地一头牛,老婆孩子热炕头"是陕西人说的,但别忘记"匈奴未灭,何以家为"也是陕西人宣称的。

《陕西叙事》还让我们看到历代陕西人才的千姿百态,在各个领域都能领新标异。史学上的司马迁、班固、杜预、杜佑固然能彪炳日月,文学上的杜牧、郑伯奇、柳青、路遥、陈忠实也不废江河,书画上的于右任、宋伯鲁、石鲁、何海霞风流自赏,哲学上的周公、张载、冯从吾都有原创的思想,教育界的刘古愚、吴宓、张奚若桃李满天下,军事上的吴起、蒙恬、窦宪、班超、马援、李靖、郭子仪、韩世忠各建奇勋,就连底层社会的党德佩、王老九、杨伟名、李凤兰也个个精彩。

　　鲁迅在《中国人失掉自信力了吗》一文中曾说过："我们从古以来,就有埋头苦干的人,有拼命硬干的人,有为民请命的人,有舍身求法的人⋯⋯虽是等于为帝王将相作家谱的所谓'正史',也往往掩不住他们的光耀,这就是中国的脊梁。"鲁迅先生的这段话不是专门针对陕西人说的,但是从人们对陕西人"冷娃""生冷蹭倔""一根筋"的戏谑评论中,从《陕西叙事》丰富的影像展示背后,我联想起来的正是鲁迅的这段话。当下识时务的聪明人越来越多了,如陕西冷娃一样较真的傻子越来越少了,这份文化的自觉与自信也越来越稀缺了,我们应该打捞和抢救。

　　　　　　　　　　　（原刊《陕西日报》2012 年 12 月 24 日）

　　　　　　　　　　　　　　　　　　　　课比天大

让石碑自己述说

　　樟叶先生几年来一直忙于《石语》的创作准备。去年听他讲主要的思路，为题材的独特性而兴奋。事实上，樟叶很善于捕捉近现代中国的一些重大历史事件，如《五福》所写陕西打响"辛亥革命第二枪"，《晚春》聚焦"二虎守长安"，这些事件不光是文学的表现较为少见，就是历史的研究也不充分，所以樟叶的追求就有了双重意义，他游走于文史之间，在历史真实与艺术真实两个方面都做了不懈的努力。《石语》是这一追求的合乎逻辑的延展，似乎在人们的期待视野之内，但又绝不是同类题材的简单重复。虽然《五福》《晚春》与《石语》的故事背景都在古城西安，时间也是在 1911 年、1926 年、1917 年这三个端点间上下移动，故应视为近代陕西的几个重大事件题材。但《石语》显然与前两部作品表现出明显的差异，作者关注的焦点已从显性的政治革命与政权更替、军事冲突与内战转变到隐性的文化革命与道德冲突、宗教传播与民族矛盾，这对于樟叶是一次蜕变,也是文学使命的一种提升。抟实成虚,蛹化为蝶,于是振翅腾飞的樟叶不再仅仅凝视黄土地,而是开始了仰望星空。

今年初,他已完成了初稿,我得以先睹为快,最近改定的书稿正式出版,捧着仍散发墨香的新书,为樟叶先生在近代中国重大历史事件的艺术展现的新收获而兴奋。快读一遍,觉得可圈可点之处很多,以下几点尤其值得称道:

首先是对时代大变局的形象展示。清末洋务派领袖李鸿章于同治十一年(1872年)曾痛切地指出,欧洲列国由印度而南洋,由南洋而中国,闯入边界腹地,凡前史所未载,亘古所未通,可谓中国"三千年未有之大变局"。这句话被广为引用,有学者认为是19世纪中国人最深远、最痛切的思想。长篇小说《石语》中"大秦景教流行中国碑"遭抢掠、盗窃、复制、保护的故事,跌宕起伏,峰回路转,就是在这一大背景下展开的。虽然《五福》《晚春》也是这一大背景,但后者主要是国内各种力量的政治变革与军事冲突,与其他民族的文化扩张、宗教弘传、商业渗透、海外冒险没有直接的联系。《石语》中"景教碑"的故事,应与敦煌经卷的被发现、吐鲁番文书的出土视为一个系列。这些文物文献的最初产生与丝绸之路、中西交通、民族融合、宗教兴废有关,沉睡千年后的再次出土出现,又与西方列强的探险、扩张、渗透、侵略有关。虽然,有关问题在史学领域的探讨研究还是不少的,但文学的展示,特别是关于"景教碑"的文学表现则仍属空白,所以本书的完成,引起人们的广泛关注。我认为樟叶先生的可贵之处还在于,他不仅将这一历史事件删繁就简,抟实成虚,艺术化为一部长篇小说,更重要的是他没有将围绕"景教碑"的人物和事件简单化地对号入座,以贴上"爱国主义"与"卖国主义"的标签为满足,而是对人性进行了多角度的开掘,使人物不是一个抽象符号,而是有血有肉、无法替代的"这一个"。当然,作者也使这部小说与甚嚣尘上的"盗墓贼"类型作品拉开了距离,这其中有文野之分、高下之分、雅俗之分。从这个意义上说,我对出版社为宣传本书在封面护封上加的"真实版《盗墓笔记》"云云的说法不以为然。如前所述,本书所揭橥的意义是坊间的盗墓类型作品远不能涵盖的。

其次是历史事件的截断面。最初听樟叶先生讲这个故事,一方面感到有矛盾冲突有精彩看点,另一方面又感到时间绵延、空间变化、头绪纷繁、人物众多,为他的创作捏着一把汗。已有两部长篇历史小说创作经验的他,举重如轻,很淡定地渡过了重重关隘,他把漫长的历史压缩到1907年5月至10月初,他把过多的空间聚焦于西安古城,主要的活动舞台是大唐客栈、金圣寺等,主要的人物是郑巧枝、彭世华、本焕和尚、贺里默、卢埃尔、荣车贵、高发稳等,主要的冲突是围绕着"景教碑"的盗与护展开的,虽然有几条线索并行发展,但有主有从,有张有弛,有明有暗,多而不乱。这主要得益于作者对小说特质的深刻理解,因为任何小说,无论是长篇还是超短篇,本质上都是对生活浪花的一种撷取,长篇小说看似波澜壮阔,历史纵深感强,那也仅仅是与短篇相比而言。"遥望齐州九点烟,一泓海水杯中泻",从宏观或宇观的角度看,人类历史也不过是杯中荡漾着的"一泓海水"而已,遑论其他。作者深谙此理,故能化大为小,化繁为简,通过须臾观古今,通过瞬间看四海。把早期基督教聂斯托利派(即本书中所述唐代三夷教之一的景教)阿罗本撰碑立碑、明代现碑移碑、清末盗碑护碑的冗长事件,截取了清末 1907 年 5 月至 10 月这一段,将空间锁定于古城西安。

再次是场景与语言的竭力还原。如果说,小说是在具体场景中演出的戏剧,那么历史小说就是在历史情景中演出的历史剧。故对于搭建舞台的灯光、布景、道具都有特别的要求,搞不好就容易穿帮出错。作者世居西安,生于斯,长于斯,生活工作于斯,一晃大半个世纪,他本身就是老西安的活字典,是西安变迁的亲历者。以西安为背景进行写作,对没有体验的外地人是一个极大的挑战,但对于樟叶而言,则是没有离开生活与创作的基地,没有离开感情的后花园,于是一些棘手的障碍,成了他记忆库存的愉快回忆。

小说中有关杜曲容家花园、大唐客栈等的描写,几乎可以在老西安对号入座;对陕西饮食小吃的描写也很精致,几乎可以勾引起读者舌尖的欲望;对于郑本阳家牌局的描写很内行,对孙月娇厨艺的描写也很本真。尤其是人物对话语言,有很多精彩的段落,如刘黑记对孙月娇说:"嫂子,你这两只小手真厉害,把个面叫你捏得飘得,把个菜叫你切得细得,把个肉叫你焖得烂得,看在眼里放光,吃在嘴里喷香。我说嫂子,凭你的手艺,自己个儿开个啥馆子不成? 你一天到晚跟着高哥尻子后头跑啥呢?"(第 49 页)孙月娇对高发稳说:"你看你瞎好也是个商人,见了面只知道抱着人家强拉弓慢放箭硬上生整……"(第 107 页)既符合人物个性,又有地方特色,传神写照,栩栩如生。

当然,小说也有些瑕疵,如全书的叙述视角,全能叙述、主观视角过多,表面上直接明快,而实际上则减却了不少趣味。与此相联系的是语言,站在今天认识高度上的判断性的定论性的语言应尽量减少,尽量与历史叙述拉开距离。同样是人生感言,历史学家可能是垂暮之年的回首往事,而小说家则是把呱呱坠地的哭声、婚礼上的笑声、遇车祸后的呼叫声这些琐屑的细节真实叙述出来即可。至于意义与价值之类,是评论家需要挖掘的,小说家可以置之不理。

(原刊《光明日报》2012 年 9 月 8 日,本文为全稿)

笔尖下的舍身

　　老友岳钰要在校庆期间举办一个题为《东方智慧长安人》的画展，嘱我写一点介绍文字，话题说得较早，我借故拖着，直到最近，他短信告知布展将毕，已为我的介绍留出版面，我才慌了。

　　我留意岳钰兄的创作已好多年了。大约五六年前他在九号楼办个展，我认真学习过；他在画室中应民政部之邀为拉萨班禅行宫创作《说法图》，我挑灯观赏过。欢喜之余，我还曾煽动一拨文友一起探访；他为密宗祖庭大兴善寺创作《开元三大士》，新涂粉壁制作大型壁画，我随着如潮的香客们一起朝拜过。

　　但要我对专业的创作发表评论，我语塞了。私底下把岳兄的好茶糟蹋了不少，纸面上却一个字也写不出来。我早年学过画布景，岳兄说他在工艺美术厂当过徒工。英雄不问出身，我想借此向岳兄套近乎。但真要对卓有成就的专业艺术

　　　　　　　　　　　　　　　　　　　　课比天大

家指手画脚,心里还是很虚怯的。大概最聪明的应对就是在岳兄用光影与笔触营造的视觉世界中,浏览漫游,寻幽探胜,体会品味,极视听之趣,享丹青之乐。不过要闭上嘴巴,因为一说就要错。

据我所知,岳兄的艺术生涯开始很早,"文革"前已在区文化馆中与张义潜、钟明善等过从甚密。但我更看重他对西北大学艺术教育的贡献。他与温友言、倪文东、庞永红等教授应该是新时期西大美术教育的元老。随后屈健、苗壮、陆宝新、邓益民、任斌、武红、张晓菊、朱尽艳等一干人的加盟,遂使西大艺苑如春兰秋菊,争奇吐艳,一时各显其秀。

岳钰兄注定不是艺术圈中逐队随群的骡子,而更像一匹荒原上的孤狼。无论从题材、体裁、技法上都不好把他的创作简单归类。即以本次展览的作品为例,长安人的题材还好理解,黄土圪梁,乡村风情,市井旧俗,城根往事,这些我们都似曾相识,只是岳钰的技法与别人不同而已。但东方智慧如何理解,寺庙壁画如何理解,佛陀人物如何理解? 他的艺术探索不光是让我撰写这篇短文犯难,而且也对循规蹈矩的艺术教育界提出了挑战。

欣赏艺术是愉悦的,思考岳钰却是痛苦的。

于是我只好黎明即起,进行恶补。书桌上将他的著作、画册叠成小山,读了又读,想活学活用,但就是找不到写作的突破口。我感到一座大山横亘在我的面前,压迫着我的呼吸,遮蔽着我的视听。极度苦恼中,忽然仿佛有灵光闪现,一组意象跳了出来,照亮了晨雾中的书房:忘我,舍身。紧接着又有一组关键词飘飞在我思维的屏幕上:苦修、觉悟、欢喜。于是我抓住这个感觉,敷衍成这篇导游文字。

岳钰兄在创作上经历了很长时间的苦修。"文革"前的自学,"文革"后上大学,后又公费赴日留学,回国任教,被派赴非洲支教,此后又游过印度、俄罗斯、美国,这几年为宗教题材创作,又跑过许多寺庙道观,雪泥鸿爪,履痕点点,这样的经历无疑对创作是有帮助的。当年石涛是"搜尽奇峰打草稿",癫痴坊主岳兄则是周游列国打草稿。

岳兄不光能在画室中创作,在教学上也有一套。他的课内容丰富,很受学生欢迎。他培养学生,口讲指划,经他指导的研究生能力提高很快,悉有法度可观。岳兄在理论上也有自己的体系,过去经常在一些会议上聆听他的宏论,佩服他思维敏捷,口才一流。最近拜读到他的宏著《唐代宗教造型艺术》,洋洋洒洒几十万字,不仅有宗教艺术的理论思考,而且能结合自己的创作实践来看佛教美术史,能用自己田野考察和创作所得来填充枯燥的宏大叙述,使艺术史有了撰写者自己的体温和气息。我以为这样的体验与经历是一般艺术史家没有的,所以这样的书他们也写不出来。

岳兄在艺术的各个领域苦苦求索,到处用情,多有精彩处,但没有达到极致。我以为他在创作佛教题材作品时,始进入一个全新的境界。于是他对人对事对画都有了全新的审视，铃木大拙解释这种认识上的解放感说："禅宗的禅必须悟，必须是一气推倒旧理性作用的全部堆积并建立新生命基础的全面的心灵凸现，必须是过去从未有过的通过新视角遍观万事万物的新感觉的觉醒。"（铃木大拙：《通向禅学之路》）对释典的亲近，对佛教掌故公案的研读，对寺庙禅院的勘踏，同时也温渥了他冰冷的感觉，唤醒了他心底沉睡已久的慧根和觉心。这种觉悟心使他不仅在表现宗教题材时与众不同，《说法图》《开元三大士》《十八罗汉》就是最好的证明。就是在处理其他题材中岳兄也有了新的视角和技术。更重要的还在于，他醒悟到我们的皮囊在此浊世几十年，沾满尘垢，真没必要太看重了，太自怜了。也许看轻些看淡些，烦恼自然也会少些。他自己拥有生产工艺美术品的厂子，有不少经纪人怂恿他通过商业操作，可以获得不菲的收入。但岳兄很淡定，也很超脱。他把经营维持到够生计所需就足矣，把更多的时间与精力投入到艺术的探索中。

　　觉悟后的岳兄少了狂放，多了平实；少了算计，多了天真。在他集中精力创作《说法图》时，我曾造访过他的画室。深秋的护城河边，很潮湿很阴冷，我待了一会就瑟瑟发抖，他穿得很单薄，并不惧怕冷，脸上没有穷书生的菜色和怨愤，浑身浴在一团和气中，讲到灵山法会，讲到祇园精舍，讲到唐卡和藏密，引经据典，头头是道，令我这个学文史的几乎插不上嘴。

笔尖下的舍身

岳钰绘《说法图》线描稿局部（彩绘壁画在拉萨班禅禅行宫）

西北联大时期,知名画家王子云教授率众随西北考察团到敦煌,摹写藏经洞中的壁画,数量可观,最近被发现整理,画面仍飘逸飞动,栩栩如生。岳兄有意无意接续了这个传统,但更多的是创新,注入鲜明的时代精神,呵上个人独特的生命气息,在审美感悟中他自己也获得了更多的自由解放感。

岳钰兄从探索中也获得了快乐和智慧。记得很多年前,因琐事龃龉,我们有一段时间不说话。后水落石出,误解冰释,我们又把臂往还如初。灵犀一点,彼此间始终没有挑破,也没有多余的解释说明。看着他的肚皮渐如罗汉,更欣赏他的天真、爽直和智慧,也更敬重他对艺术的那一份纯粹。很多的时候,他有快乐不独享,而是分给学生和朋友共同享用,于是快乐和智慧也就增值了。

《百喻经》中有个著名的"舍身饲虎"故事,说的是获善知识者能自愿把自己的百来斤肉身提供给老虎做免费午餐。其实舍身不一定非要给老虎送荤菜。舍身就是忘形,就是忘我。《庄子》中讲了一个画家忘形的故事,说宫廷举行绘画大奖赛,有搔首弄姿者,有假模假样者,忽有一人旁若无人,"解衣般礴",专注创作,领导宋元君说这才是真画师呀。环视周遭,假画师、假学者太多了,且多过得有滋有味。而真画师、真学者却不多,且生活得拮据艰难。是领导不识货,是大众不会欣赏,还是有其他什么原因,不知岳兄是否能说清?

岳兄喜欢用陕西话讲一个段子,说:有一艺术家早起打车要到三兆参加熟人的追悼会,司机问他去哪儿,这哥儿们用普通话严肃地说:生命的终点。司机犯迷糊了,用陕西话反问:"啥叫生命的终点,生命的终点在阿达?"哥儿们只好照实说。司机听不惯这种拿捏的装腔做势,揶揄地说:"三兆就是三兆,还什么生命的终点? 那你要说去生命的起点,我能把你带到子宫里去吗?"举座皆喷饭吐茶。

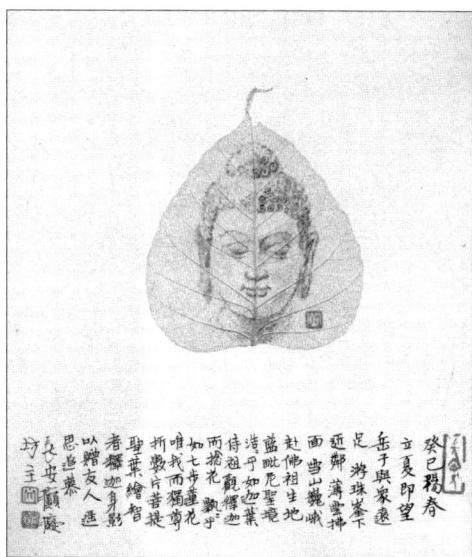

岳钰于兰毗尼佛诞生地菩提叶上手绘之佛像

其实话虽糙,理却深。从众妙之门再到众生的归宿处,也就这么一眨眼的工夫。抢着投胎的,也就是抢着赴难的。那些生不能带来,死不能带去的劳什子,每天诱惑着我们,荼毒着我们,也熬煎着我们。岳兄每次都平和地说着这个段子,听众都绝倒,他却冷冷地板着脸,也许他早参透了这些浅显的道理。我懵懂,反反复复赏读他绘制的《说法图》系列,绞尽脑汁能想到的,也说是这个段子的精义。是啊,连"生命的终点"都勘破了,还有什么舍不得放不下,还有什么要执着的呢?

癫痴坊主,你大胆地朝前走吧!

(本文是为岳钰"东方智慧·长安人"展览所撰序,原刊《陕西日报》2012 年 10 月 16 日)

发现灵境

高新四路赵家坡与西桃园村之间,在唐时毗邻群贤坊与怀德坊,现在则是西大桃园教学区和家属区。家属区院子中住户前几年刚搬进来时,车并不多,有一辆骨骼高大的吉普车特别突出,这两年钢铁坐骑明显增加了,院子也更加拥挤了,香车宝马,穿梭如流,各个国家的各种名牌都在这里聚集,仿佛万国车展。那辆吉普车在车群中非但没有黯然,反而更加抢眼。过分古旧的风格,车胎上生鲜的黄土,水泥地面上压下的胶泥辙印,像柏一林在生宣纸上嵌印出来的蝌蚪文字一样,纹路清晰,色泽鲜明。行家们一看就明白,那不是做旧扮酷,而是长期在野外工作磨损造成的。

车主人的行头也很专业,背满器械和行囊,仿佛是要奔赴非洲维和的特种兵。每到寒暑假,便能看到这样的情景:一位文静的女士带着一个调皮的孩子,送车主出行,几乎年年如此。这两年女士文静优雅如旧,孩子突然窜个子了,更加高大帅气。只有满脸沧桑感的车主，在家人肃穆庄重的注目礼中，依然雄纠纠气昂昂地出征了，朝他的战地——高原开拔了。

车主屈琳实际上任职于学校宣传部，专司摄影。很长时间我并不知屈琳之名，只知在学校各种活动中有一个着装个性、忙碌抢眼的摄影师。屈琳似乎并不满足于仅仅做好新闻摄影的业务工作，故在八小时之外，他经常给各类专业开设摄影课，普及光学语言与镜头美学。寒暑假和节假日，本应是家人团聚其乐融融时，屈琳则披挂整齐，武装到牙齿，义无反顾地出征远行。把思念和牵挂抛给了妻孥，把希望和憧憬托付给了远方。于是院子里就一再出现文章开头所见的那一幕。

屈琳兄多次向我说及他有意将多年来的摄影作品结集出版，并向我介绍一些作品的创作经历，拍摄的时间，拍摄的地点，拍摄的角度和光圈，如何取景，如何构图，如何变形处理，如何印制照片。他不厌其烦地讲述，给我普及了摄影知识，使我这个门外汉知道了如何欣赏光与影合奏出的交响曲，如何分辨原始照片和PS版。渐渐理解了他浓烈的高原情结，油然生出对他的许多敬意。

回过头来再看他的作品集，就不再是一堆杂乱无章的色彩，也不是反复曝光的记忆碎片，而是觉得仿佛有一组追光灯打在了幽长的隧道中。道路虽然崎岖不平，吉普车的行进虽然或快或慢，但在这光束的照射下，我们的主人公行进在黄土高原、青藏高原、川西(云贵)高原上，并在三大高原之间来回穿梭,每次光的切换就催生出一组珍贵的照片。

在家庭和学校中,屈琳兄谨守本分,恪尽职守。但在高原上,他狂放不羁,自由挥洒。他仿佛从高原上得到了灵气,高原的神秘肃穆似乎被他窥破,被他捕捉。于是,我们看到现实生活中谨小慎微的小职员,在他创造的影像王国中,俨然成了高原上骄傲的骑士。在斜阳古道上,荷戟独立,奴仆风云,指挥草木。刘勰说屈原之所以能洞监风骚之情者,抑亦江山之助乎? 千年以下,屈琳能摄取高原魂魄者,莫非也从造化中获得了神秘的启示?

屈琳摄《黄河乾坤湾》

通览影集,对屈琳兄最突出的印象是他的执着,几近痴迷。所收照片最早是三十年前的,那是屈琳摄影生涯的开始。这些年来他遇到了无数困难,让他放弃了许多,收敛了许多,也聪明了许多。但唯一没有放弃的是对摄影的追求,而且越来越专注执着,有时几乎近于一种精神的痴迷。同道者相视一笑,或能默许,对于一般人则很难理解,认为是一种傻,是一根筋。

另一印象则是艺术灵气。屈琳的专业背景虽是经世致用的史学,但作品中时现艺术的灵气,这种灵气使他能从冗长的现实时段抢抓精彩的刹那,也能从一个特别的角度观照自然及人物,还能从古今中外的绘画、雕塑、书法甚至音乐、舞蹈中汲取营养。如《雪域冬牧》《轮回人生》《朗木朝圣》等。

屈琳摄《塞外·烽燧》

在我看来,屈琳兄的许多作品达到甚至超过专业摄影家的水平,这不仅仅有他所获得的许多专业的奖励为证,而且在他身上具备专业摄影家的许多素养,在摄影的体裁、题材和技术上,可以补专业之不逮。如《黄河曙光》《悠悠岁月》《沙韵长城》等。

屈琳说本册影集是他三十年艺术实践的总结,也是他献给母校校庆的一份礼品。诚哉斯言。但我倒觉得,知命之年对于一个摄影艺术家来说应是创作黄金期和高产期的来潮，所以这部影集的出版也应该视作他艺术创作新纪元的开始，相信他还会拍摄出更多惊天地、泣鬼神的作品，我们期待着他继续驱驰着吉普，走向更圆融更静穆的美学境界。当然，吉普的后座上最好能捎上那位文静典雅的女士，并嘱咐她扣好安全带。相携白首看夕阳，赏高原蓝天，浴长河潋滟。摄影师和伴侣也会构成画面不可或缺的一部分，那将是生命的另一种极致，也是永远超越镜头语言的本真和素朴。

（本文是为屈琳画册《高原灵境》所撰序）

课比天大

佛教与文学

孙尚勇教授《佛教文学十六讲》稿成，嘱我弁言绍介。我对这一课题虽有兴趣，却从未有过深入研究，故拖了很久。所谓的兴趣是指我对中国诗歌与音乐的关系、中古诗歌与魏晋隋唐时期佛教的因缘、佛教中国化特别是禅宗灯录中的公案语录一直很关注，也曾发表过一些肤浅的看法，但缺乏系统深入的梳理。故看到尚勇的系列论题，眼睛发亮，心情也非常愉悦。

本书名曰《佛教文学十六讲》，实则不仅涉及佛教、文学两个方面。大略来说，主要借鉴了西方口头学派关于程序的理论，讨论了印度佛教文化史的一些重大问题，思考了相关印度佛教经典形成的机制，探讨了佛教思想之于中国古典诗歌自然观的影响。本书涉及印度佛教经典、中国古典诗歌、中国古典散文等不同国度、不同时代的多种文体样式。基本的思路是，以口头艺术、表演艺术、音乐艺术的视角，探讨了印度佛教文学、中国佛教文学、佛教与中国本土文化的关系及其对中国文学的影响等重大问题,视野开阔,论域广泛。本书的一大优点是,摒弃一般的佛教本位或中国文化本位的单向度思维模式,以相对中立的立场探讨了中古时期佛教与中国文化、中国文学的密切关系。凡所论及,多有所推进,深化了学界对相关问题的研究。

在我的印象中,西大老辈学者高扬先生对佛教哲学和印度佛教史研究精深,我曾在刘持生先生府上见过他,但未及专门请益。幸运的是,我与高先生的哲嗣荆三隆教授、贤媳邵之茜教授过从颇多,从三隆的断续介绍和转赠的著述中,对高先生的学问更多了高山景行之慕。柏明先生对法门寺尤其是对实际寺文物有很好的阐释,我对实际寺的了解,实际上源于拜读柏明先生的大作。柏明首倡成立西北大学佛教研究所,开启了西大以学术团队研究佛教的新阶段。此后,王维坤、王建新、冉万里等教授从考古学角度研究佛教,特别是方光华、李利安、李海波诸教授从义理上研究佛教,张弘、李芳民、孙尚勇等从文学角度研究佛教。岳钰兄则中年变法,从美术创作角度革新佛教的造像和壁画,新作甫出,观者如堵,一新世人耳目。可见西北大学的佛教研究有很好的传统和氛围。

尚勇曾师从音乐文学史家王小盾先生,又在著名敦煌学专家项楚先生门下进行博士后研究,凡学皆有所本,且能对师说不断拓展和发挥。天竺印度文化,因着佛教的流布而播及中国文化的各个方面，遂使中古以降的中华文化呈现许多新面相、新境界、新领域。学人们探讨虽勤，但歧见也很多，共识较少。如声病来源问题、境界问题等。这与直接的文物文献较少有关，也与早期佛教经西域东渐，采用多种语文记录，从多个路径传入，要调适与多种政治及权力组织的关系，要与不同的种族和民族文化碰撞，颇多混乱有关。

佛教研究已成国际显学，尚勇正当盛年，已有不俗的表现，如能预此潮流，以国际化视野咬定青山不放松，将会有更重大的成果问世。如能利用长安佛教研究的地利之便，结合文物考古的新材料，与团队协同作战，则不光能提升自己的研究，同时也能将西大的宗教研究带入新时代。

进而言之，从禅宗哲学角度来看，义理的研究仍不过是言筌，如能跳脱出来，以平常心参悟大千世界，那么收获的可能不仅仅是学术，而是使人的智慧达致更高的境界，空诸一切，心无挂碍，无言独化，饮之太和。依我的管窥，这可能是现代中国人最缺的一种资源，也可能是主持者编辑此套人文读本的一层需要抉发的微意。我这样讲已近野狐说禅，邪魔说道了。打住打住。

（本文是为孙尚勇《佛教文学十六讲》所撰序）

图像文献的考索

马新广君在原来博士论文的基础上，广事修订，六年磨一剑，撰成新著，问序于我。看到旧日的学生不断成长，在学术上崭露头角，作为他当年的论文指导教师，我乐于说几句话。

2005年秋，新广负笈来陕，从兰州西北师大考入西大古代文学专业攻读博士学位。西北师大与西北大学均源自西北联大，后分立为国立五校，我谓之"一花开五叶"者也。两校分立于秦陇两地，不仅地域相近，学风亦有共同处。记得确立选题时，新广拟就文论或画论中的一些问题进行开掘，我建议他再朝前迈半步，可就画史文献中的一些现象进行深入研讨。我与新广反复商讨，最后确定以《寺塔记》为重点，对文献所见唐代佛教壁画进行研究。新广颇勤勉，刻苦三年，如期完成论文，答辩时同行专家对论文选题的开拓高度评价，对从文献角度搜寻画史资料，从地域角度考察各地佛教壁画的分布特点，给予充分肯定，同时也提出了不少好的建议。

新广毕业后应聘到山西师大，在紧张的教学工作之余，不废著述，不断有成果问世。他在毕业第二年即以该课题申报教育部社科基金项目，顺利获得资助。新广当时告知我，我也为他取得的成绩而高兴。

新广从图像学文献的视角步入唐代佛教壁画研究领域，跨度大，难度也大，唯其如此，创新的意义也容易突显出来。后来万德敬选择图像学视野中的唐诗传播研究，以明清为重点，也是受此启发。万君开始也有畏难情绪，我即以新广的例子鼓励他要勇于开拓。他由入门的艰难渐入佳境，发现这是一个富矿，可供长期开采，故整天寻奇搜异，乐而忘返。新广圈定的这一研究范围，也可供有才气有毅力的学人进行长期的可持续的开发。

新广对本课题已有初步成果，但可值得深耕细作的空间仍很大，希望他有一个长期的计划，在此领域做出更大成果。特别是他执教之临汾，介山陕之间，杂秦晋之风，古来为灵秀之地，古迹遗存颇多，新广若能据地利之便，结合当地实际，进行深入研究，会有更大的成就。

西大文学学科，除成长起一大批以创作著称的人才外，在古代文学研究特别是唐代研究方面也广有影响，前贤时彦成就很大，标竿也很高。对包括新广在内的青年才俊们来说，这既是一份荣耀，也是一种压力。其实在人文学术研究中，真正能扶树雅道、传承薪火已不易，要超越前人、光大事业那就更难了。但对于奇伟磊落之才来说,这样的代际挑战是自然的,也是必然的。我希望新广能不断开拓创新,走向自己学术的辉煌,也为中国学术的繁荣贡献自己的力量。

（**本文是为马新广《唐五代佛教壁画的文献考察》所撰序**）

课比天大

在河东振叶寻根

　　万德敬君籍隶燕赵,曾随著名学者詹福瑞先生在河北大学读硕士,毕业后选择了河东,在运城学院任教。2010 年秋以专业总分第一的优异成绩考入西北大学,跟着我攻读中国古代文学博士学位。万君要比应届毕业考入者年龄大些,故特别能珍惜时间,入学后焚膏继晷,孜孜不倦,读书得间,盈科而后进。每次与我见面,都密密麻麻准备了许多问题,刨根问底,没有满意的结果决不罢休。

　　还记得去年春天刚开学,他风尘仆仆从运城赶来,一见面又是一连串问题。我当时打断他的话反问:是否去汉长安城、唐大明宫、楼观台、曲江等遗址进行过实地考察?他回答说来校忙于读书,一直没有时间去。我调侃他说,你从河东到长安,要首先观上国之光,虽说宫阙万间都作了土,但遗迹斑斑,实物尚存,登临凭吊,不仅能获得第一手数据,而且能增强现场感,捕捉住历史的精气和真粹。春天不是读书天,还是多跑跑田野,读一读这册存留在天地间的无形大书。

我当时那样讲是故意激他,也是想点破他的过分执着。但事实上,万君在运城学院工作期间,已注意到充分利用乡邦文献和出土文物,辅以实地考察所得,形成研究课题。去年底,他将二十多万字的《河东人物丛考》书稿交来,还着实让我吃了一惊。

全书主要针对柳宗元、吕洞宾、关羽、王含光、裴镜民五位河东历史人物进行了详细的考证,并将大诗人李白也纳入河东文化的视域中进行研究,视角独特。此外,还涉及诸多籍隶河东和仕宦河东的人物,仅唐代的就有王绩、宗楚客、裴旻、裴延龄、裴度、裴行立、裴均、裴瑊、董晋、马燧、浑瑊、颜真卿、李晟、关播、吕温、吕恭、李程、独孤申叔、阳城、王仲舒、卫次公、马存亮、陈茂等。这些人物与河东文化的渊源都有进一步探讨的必要。

其中柳宗元篇侧重讨论了柳宗元的交游问题。同时就柳宗元戚属、父执、友生等与其关系密切的人物的健康及年寿情况进行钩索,这对解读子厚的文学作品和生命体验是非常重要的。该篇还就柳宗元对李白诗歌的接受与传播进行了独特的梳理,对柳宗元诗歌中的"惊风密雨"发覆探隐,精心解读,这些都把相关论题引向深入。

吕洞宾是中国文化史和道教史上一个妇孺皆知的箭垛式人物,惟其如此,才使得对这个人物的还原、阐释工作变得非常有意义。作者在书中就吕洞宾写了四篇文章。对吕洞宾这个仙化人物进行文化学的阐释，颇能切中肯綮，对道家文献的解读也非常专业。

关羽是中国文化里的一个重要因子，也是谈河东掌故必称道者，但是很少有人注意到唐德宗君臣对于关羽崇拜起到的作用。作者认为在中国古代帝王崇拜关羽的系列中，唐德宗无疑起到了开先河的作用。

李白研究历来是个热点，但将其置于河东文化的视域里来研究则是一个新颖的学术视角。书中收入《李白与河东裴氏交游考述》《河东历史文化对李白的滋养》《李白在晋南的行踪探析》三篇文章，可见作者对河东文化的熟稔和对李白的厚爱，论文先后在中国李白学会的年会上宣读过，曾受到李白研究界资深专家和与会学者的热切关注。

王含光是明末清初不见经传的一位诗人，作者将其与唐代诗学联系起来研究，抓住王含光宗杜、学杜的良苦用心，通过诗歌作品分析，知人论世，把明末清初的板荡呈现出来，揭示了其诗歌的"诗史"性。

纵观全书，围绕不同历史时期的河东人物进行考证，文史结合，材料丰富，方法多样，新见迭出。当然，有些考证稍嫌琐细，与学界的互动不太密切。但这种扎实的文献训练，是学术上的基本功。从事古典研究的学者要在学术研究上有大成就，这是必由之路。

德敬君在学术研究上积累厚重，思维敏捷，在相关领域已有了稳定的方向和不断深入的课题，相信他会在不久的将来给学术界奉献更大的惊喜。

河东自古为龙兴之地，王者之迹，圣贤遗踪，依稀可见。河岳英灵，氤氲而为浓厚的人文气息。多年前，我因关注中古士族而颇多留意河东风物、裴村地望，惜乎一直未能实地考察过。这是万君反过来可以调侃我的。唯近年来随我游学的几位山右才俊，对河东门第家族、地域文化的研究越来越专门化，也越来越深入，补我之不逮处颇多，学术的薪火就是这样越烧越旺盛，这是做老师的最大的欣慰。

（本文是为万德敬《河东人物丛考》所撰序）

他山的长安学

由高兵兵教授主编并由其与王维坤、翁建文等教授分别担任译笔的《长安文化国际研究译丛》第一辑三册即将付梓，兵兵教授邀我写几句话。我对日语翻译及该领域在日本的研究现状都不懂，本应婉谢，之所以要说几句捧场的话，是因为以下三端：

首先是对高兵兵教授事业的支持。兵兵六年前从日本大阪大学获博士学位，学成归来，给她开出诱人待遇与条件的学术机构很多，兵兵选择了西北大学文学院，对我校刚刚起步的对外汉语专业是一个很有力的支持。她在紧张的教学之余，很快调整工作状态，以适应国内的教学科研环境，先后推出一系列有关日本汉诗及汉文学研究的成果，而且主办了多次国际学术会议。由于她的成果突出，当时成了西大文科第一批通过特别评审晋升教授的归国人员，一时很引人关注。兵兵并没有满足已经取得的成绩，几年前就吐露出要进行日本长安学研究译事,并积极申报课题,一转眼已经有第一批成果问世,确实是值得祝贺的。

其次是给我提供先睹为快的机会。日本学界对该领域的研究状况我无法准确评判,但第一辑的几部著作《长安的都市规划》(妹尾达彦著,高兵兵译)、《汉武大帝》(吉川幸次郎著,王维坤译)、《唐代长安镇墓石研究》(加地有定著,翁建文、徐璐译),仅从题目上我就特别喜欢。三位原著者在日本都是该领域的翘楚,很多年前我就拜读过妹尾教授研究唐代文人生活状况的大作,还多次引用过他关于白居易等文人在长安、洛阳等地居住的成果。印象中,妹尾先生与陕西学界联系较多,听说他曾师从著名史学家史念海先生。20世纪80年代中后期,我也在师大随霍松林先生读书,校园中曾多次见过他进行学术交流的海报,可惜当时忙忙碌碌,没有聆听并拜见,这次通过兵兵教授的翻译,比较系统地了解了妹尾先生关于长安都市规划的学术见解。过去仅知吉川先生在中国古代文学研究方面成果丰硕,这次始知他的这部汉代历史人物传记也颇厚重。几位日本学人的成果,所讨论的问题既深入又细致,既可以帮助我们了解该专题的学术前沿,又可以让我们略窥日本汉学学风之一斑。

再次是提供了长安学研究的"他者"视角。据我的不完全了解,国内关于长安研究也正方兴未艾。仅以陕西学界而言,李炳武先生曾主持编辑煌煌十多巨册的《长安学丛书》,王军、陈学超先生曾以长安学申报西安市社科重大课题,并在陕师大设立长安学的学位点。张新科先生主编《长安学术》杂志,已经推出多期成果。陕西师大和西安文理学院都以长安学作为重点研究方向,特别是陕西师大将以长安研究作为申报协同创新研究平台的重要项目。可见长安研究已由原来荒寒冷僻的专家之学,变成今日各方关注的显学。但海外的研究,特别是与中国文化关系密切的日本研究,也应是一个重要的他山之石。国内特别是陕西学界不能忽视这个视角,以避免做低水平重复性的简单工作。高兵兵、王维坤、翁建文、徐璐等学者的努力,无疑是在为这个领域做最基础的铺路垫石工作。由于目前的科研体制所限,重著述轻翻译,助推了浮躁的学风。故高兵兵和她的团队正在做的这项扎实工作,更值得学术界的肯定。

当然,翻译本身也有它的学术标准,董桥先生讲优秀的译作应该是原作者与译者的"门当户对"。故如何在遵守专业规范的同时使译笔更流畅准确,既符合原文的行文风格,又是清通畅达的汉语,确实有难度。我本人没有过翻译实践,只是随意说说而已,说得多了就要出乖露丑了,就此打住。

(本文是为高兵兵主编《长安文化国际研究译丛》所撰序)

叩响经典

在中华文化史上,吟诵之道源远流长。《尚书·尧典》中说:"诗言志,歌咏言,声依咏,律和声,八音克谐,无相夺伦,神人以和。"阐明诗、歌、乐的密切关系及审美艺术效应。《毛诗序》中进一步指出:"诗者,志之所之也,在心为志,发言为诗。情动于中而形于言,言之不足故嗟叹之,嗟叹不足故咏歌之,咏歌之不足,不知手之舞之足之蹈之也。"强调诗歌与情志的关系,诗、乐、舞的三位一体,具有艺术发生学的意义。孔子不仅注重《诗经》等经典的教化作用,还特别强调"诵《诗》三百,授之以政"。《史记·孔子世家》记载:"三百五篇,孔子皆弦歌之。"《墨子·公孟篇》也提及儒者"诵《诗》三百,弦《诗》三百,歌《诗》三百,舞《诗》三百"。说明孔子及儒家对以诗教为中心的经典教育的重视,也说明诗歌与吟诵的密不可分。

吟诵既是诗歌创作的重要环节,同时也是诗歌识记和传播的重要方式。卢延让《苦吟》中说:"吟安一个字,捻断数茎须。"贾岛《题诗后》说:"两句三年得,一吟泪双流。"均说明创作的艰难以及吟诵也参与到作品的创作中。杜甫《解闷十二首》其七:"陶冶性灵存底物,新诗改罢自长吟。"既指出吟诵作为创作的一个环节,又指出吟诵与艺术创作是"陶冶性灵"的重要内容。

在诗歌艺术史上,诗歌的吟诵、唱诵、诵读有各种艺术流派,各种艺术方法,在不同的时代、不同的地域与不同的音乐配合,又形成了不同的形式和风格,它们与诗歌原典一样,也是非物质文化遗产的重要内容,同样值得我们学习继承并发扬光大。我曾在1982年"中国唐代文学学会成立暨首届唐代文学学术研讨会"上,有幸倾耳聆听了许多蜚声中外的名家大师的经典吟唱,余音绕梁,至今记忆犹新。后来,在教学和学术交流中还曾多次听到日本、韩国学者对中国传统经典的唱诵,都有一份特别的感动。礼失求诸野,古典诗歌借助吟唱传播广远,甚至传到日本、韩国、越南、马来西亚等海外地区,值得我们自豪。但国内懂得传统吟诵之道的人却越来越少,有识之士忧心在经济发展的同时,"广陵散从此绝矣",这笔弥足珍贵的文化遗产逐渐失传,故亟待青少年续火传薪,发扬蹈厉。以叶嘉莹教授为首席专家的南开大学学术团队将中国古典诗歌的吟唱作为研究课题,并获国家社科基金的大力支持,说明了这一学术共识正在形成。

本套读本就是在这样的学术背景下隆重推出的。为贯彻中宣部、教育部和国家语委等六部委关于"在中小学生中开展以传统节日为主题的经典诵读和诗词歌赋创作活动"的要求，陕西省教育厅专门发文具体安排，省教育厅语委联合陕西省诗词学会等单位在全省组织开展"中华诵·经典诵读活动"，编制读本，举行比赛，活动扎实认真，意义深远。

这套读本根据青少年成长发育的特点，分为 1—3 年级、4—6 年级、7—9 年级、高中版、大学版(分大、中专版)，先易后难，阶梯递进。选文以诗歌为主，兼及各体，上下千年，古今并收，选目分类，用心良苦，名家荟萃，珠玑满眼。注释和赏析也能深入浅出，除了一般的选文、注释、赏析外，还特别增加了诵读指导、知识链接，是一种很好的尝试，可圈可点。相信这一套读本的出版，对指导当前方兴未艾的青少年的经典诵读，会起到很好的指导和促进作用。

（本文是为《中华诵·经典诵读活动读本》所撰序）

　　　　　　　　　　　　课比天大

外道者言

我之于佛教,既是外行也是外道。说是外行,因我的专业是古代文学,研究方向是中古隋唐;说是外道,因我是人文科学工作者。方立天老师说的"儒释道西马",虽然在目前有一个如何包融和谐的问题,但前题应该是这几个方面彼此都是异质的。马克思主义之于儒释道是外道。儒释道之于马克思主义也是外道。这是大前题,是不容混淆的。不能因为要在政治上讲和谐,就将各种异质的理论、学说、思想、主义一锅烩,美其名曰和谐和包容,实际上是思想的肤浅和懒惰,学术的杂拌和混搭。

但就我这个外道兼外行而言,与佛教也还是有些因缘的。1997年我曾撰写过禅宗马祖道一传记的小册子,该书是由台湾佛光山开山主持星云大师主编的《白话版高僧传》之一种,1999年由台湾佛光山出版社出版。时间一晃已过十五年,对于这么一部通俗的文学性传记,我一般羞于向学界的朋友提及。去年星云大师莅临西安，我曾应邀出席过两个重要的接待活动，可谓因缘凑巧。昨天大会前，与一位参会专家互递名片，又被他把我与撰写马祖道一传记的作者联系起来，让我觉得既惭愧又感动。

很多年前，我写过关于李白研究的一篇小文章，题目叫《李白诗中"破颜花"正诂》，曾获得中国李白学会原会长郁贤皓先生的肯定。这篇文章的写作缘由与基本数据，也是得益于我对佛典的悉心阅读和认真领会。我指导的博士生马新广君曾以《唐五代佛教壁画的文献考察》为题撰写博士论文，受到答辩专家的肯定，该课题还获得教育部人文社科项目面上经费的资助，已结题正式出版。博士后王早娟的出站报告《生态学视野中的唐代佛教园林——以长安为重点的考察》，关注到佛教园林中的生态学问题，也引起同行的兴趣。以上仅仅想说明我虽是一个外行，但与佛教还是有些缘分。

从一个外行兼外道者看来，我觉得中国佛教文化研究如欲开出新天地，步入新境界，一方面固然要在学理上深入，恪守学术规范，奉献更多的富有原创性的精品力作。但更重要的，要培养化育出更多有信仰的人，有慈悲心的人，能担当弘法弘道的人。茫茫苦海，劫数无穷。自渡不易，渡人尤难。学理不易，践行更难。马克思主义讲，无产阶级只有解放全人类，才能最终解放自己。对于佛教文化的研究者修行者也类似，让所有的人有信仰，让所有的人有慈悲心，应该是我们最大的信仰、最大的慈悲，也应是我们学术上最大的成就。

以上纯属是外道说教，姑妄言之。

（本文是在"佛教与当代文化建设学术研讨会"闭幕式上的致辞，有删节）

我与碑志研究

据我所知,史学界老辈学人中陈寅恪、岑仲勉、严耕望、毛汉光、王永兴,陕西的马长寿、武伯伦、史念海、李建超、胡戟,中年学人冻国栋、荣新江、葛承雍、陆扬、罗新、朱玉麒等,都善于利用包括碑志在内的新史料,对唐史研究不断开拓,从事古代文学研究者也经常浏览他们的著作。而对于我,则是常置于案头备览。

在唐代文学研究圈中,据我的一隅之见,傅璇琮、陈铁民、赵昌平、韩理洲、陈尚君、程章灿、胡可先等,是较多地倡导利用出土新文献,并且自己也身体力行,在新成果中可以看到新史料的作用。尤其是陈尚君对新文献的作用曾有很好的阐发,他已经出版和发表的成果均可见他对新材料特别是墓志材料相当熟稔,也相当敏感,20 世纪史学界的科学精神和先进方法在唐代文学研究界也得到了很好的弘传。

我是这一学术时尚的追随者。一是指导多位研究生充分利用新史料。在《大唐西市博物馆藏墓志》尚未出版的前年，我让研究生王军兵以《陕西新出土墓志与唐代文学》为题，撰写硕士学位论文，充分利用了包括大唐西市在内的馆藏墓志，受到了包括胡戟先生在内的学者肯定。另外还指导过博士生马新广撰写《唐五代佛寺壁画的文献考察》，马君的此项研究还获得教育部人文社科基金的资助。2013 年指导博士生万德敬完成《明清唐诗诗意画的文献稽考与研究》，我嘱咐他尽量利用图绘或图画文献，特别是新出土文献，来拓宽唐代文学研究的领域。博士后马立军也以《〈全唐文〉墓志笺校及其整理研究》为题，开展他的研究，已通过出站审核。

我自己在近三十年的研究中，特别是在《唐代关中士族与文学》《唐代三大地域文学士族研究》《唐代园林别业考录》等一系列著作中，也能较自觉有意识地关注并利用新出史料。在《唐代关中士族与文学》中，我利用李衡《唐绛州闻喜县会杨君故夫人裴氏墓志铭并序》中说裴氏"与韦柳薛，关中之四姓焉"，来佐证柳芳《氏族论》中"关中郡姓"的命题，说明这一说法渊源有自，"河东著姓"与"关中郡姓"的提法是从属关系，廓清了唐代文史研究中一些模糊的说法。拙著《唐代三大地域文学士族研究》分上编总论、下编分论和附编个案研究，其中附编附论有五篇，分别为《墓志所见唐代裴氏婚姻关系》《从碑志看唐代河东裴氏的迁徙》《裴氏与佛教信仰》《唐代杜氏在长安的居所》《韦应物家族墓志补论》，从题目中也可以看出都是利用新出土资料撰文。特别是《韦应物家族墓志补论》一文，是关于韦应物一家四方墓志在西安出现后学者对此所做的研究。我提到的韦氏家族婚姻关系的细节，韦应物的卒葬地不一等问题，在当时和现在看，都没有重复别人的看法（我的小文是第三篇文章，第一篇由碑林博物馆马骥先生撰写，第二篇由陈尚君先生撰写）。在《唐代园林别业考录》中，新史料起着极其重要的作用，例如我用西安西郊中堡村唐墓出土三彩假山水池等文物，证明唐代不仅有"垒土为山"而且已有"叠石为山"，廓清了园林史界的一些似是而非的说法。如果没有对多种墓志文献及总集别集的广事搜求，这项工作几乎无法完成，具体的例证在《唐代园林别业考录》一书前言中有较详细的列举，此不赘。目前仍在进行的《唐园录》中，不光有我自已搜求的新出史料，其他学者特别是李建超老师，也帮我提供了不少新出土墓志中的材料。

关于此次会议的意义和价值大家已谈了很多，讲得都很好，我重复三点。

一、为碑志定位。包括墓志、碑志在内的出土文物蕴含多种信息，它的价值也是多元的和多方位的，不仅仅是文献价值。比如碑刻的形制、图案、纹饰、字体与艺术美学，比如碑志的石材质地、石材采伐与矿藏地质学，比如石材的运输、石材的经营、石材的选购与经济学，比如碑志的大小、字体的精粗、文辞的雅俗与墓主出身的阶级阶层。于右任先生说："每览志文,于征伐官制诸端,可补前史疏漏,于氏族之可考南北播迁之原委,于文辞可增列代骈散之别录,于书法可知隶楷递变之途径。学者寻绎史材,且不止此,亦治文史者之一助也。"毛泽东讲一部《红楼梦》是中国封建社会的百科全书,我觉得唐代墓志也是唐代社会的百科全书。

二、为碑志立传。在外行看来,墓志是为死去的人所书、刻在冷冰冰的石头上的物化的东西。但在同行看来,碑是有生命力的,有体温的,碑也有它的前世今生。墓碑的出生时间究竟应确立在它刻成、还是确立在它埋入地中、抑或是确立在它出土时,这是可以讨论的。但围绕着它的身世有很多值得关注的问题。陕西的樟叶先生撰长篇小说《石语》,讲唐代景教碑的流传,重点放在明代的复出,特别是清末围绕着盗碑保碑的一系列争夺战,爱国卖国,民族宗教,刀光剑影,险象环生,很有意思。一块碑形成了史蒂芬·欧文所说的一个值得"追忆"的传统,如收入《大唐西市博物馆藏墓志》中的几百方碑志,仍藏在各类博物馆中的几千方碑志,那就是几千个小传统,值得梳理出几千部传记。

三、让碑志尽其才充其用。《大唐西市博物馆藏墓志》的整理出版是对碑志作用的一个发挥,设立专门的专题博物馆,也是对碑志重视的一个表现,最近大家口传的前有千唐志斋,后有大唐西市,是对西市搜罗之功的肯定,也是对西市的殷切期望,望西市能不负众望。现在西市又召开专题会议,研究碑志与唐代文化，更是对碑志价值的很好利用，希望类似的活动能持续不断地进行下去，相关的认识也会越来越深入。

20世纪二三十年代，由于修筑陇海铁路道经邙山，惊动了洛阳邙山周围的隋唐墓，导致墓志的集中出土和千唐志斋藏志的出现。五六十年代的兴修水利、农田基本建设，特别是八九十年代兴起迄今仍轰轰烈烈的大规模城市化，大迁徙大建设，又导致了陕西、河南等地大量墓志的再次集中出土。

近几十年，我们集中看到唐宋金石学家没有见到的宝物，我们也能据实物破解乾嘉诸老倾毕生心血无法解开的难题。罗振玉聚敛不到、王国维触摸不到的文物，我们能很便捷地观赏，这究竟是幸耶抑或不幸耶，进步耶抑或倒退耶？尚不能简单下结论。但是，作为有心人把散落在民间的墓志收集起来，经过整理，公开展览，公开出版，组织专家学者深入研究，使之成为天下的公器，则不失为功德之举，它的价值和意义随着时间的推移，会彰显得越来越突出，也越来越清晰。

（原刊《大唐西市博物馆藏志研究续一》）

课比天大

照花前后镜

　　由罗素·邓肯撰写,胡宗锋翻译的《龙与鹰:中美政治的文化比较》一书,在中文版著作刊行之前,率先在《美文》杂志连载,前后十多期,达几十万字。作者将比较政治学的新成果以通俗易懂的方式及时向大众普及,为两国公众架设起理解之桥,播撒友谊种子,作者从美国看中国,从美国消费者看中国制造,从美国读者看有关中国的新闻事件,诠释出中国面相中我们自己习焉不察的一些意涵。

　　从目前来看,冷战已经结束了,有形的柏林墙已经拆除,但无形的墙在中美之间,在东西方之间,并没有消除,恩恩怨怨、说不清道不明的事情仍然横亘在两边。有些人像嗅觉灵敏的猎狗一样,长期匍匐在隐蔽处,任何异味,哪怕是一丝风吹草动,也让它莫名兴奋,时刻准备着跳出来撕咬对手。其实早在 1972 年,毛泽东主席、周恩来总理与尼克松总统、基辛格国务卿已在中美的墙上凿开了一个大洞,从此传输物资和信息有了正常的孔道。不过，两边仍有人不想把洞口扩大为双向跑车的坦途，而是想要把洞口再堵起来，砌成具有隔离意义的铜墙铁壁。从这个意义上说，本书的写作和翻译都有很深远的意义。

我对本书仅仅快读一遍，大的思想还不能准确把握。阅读时萌生过几点小感觉，也对几个细节有些印象，我就将此敷衍成一篇阅读体会。

在《西方老人与年轻的中国灰姑娘》一文中，作者颠覆了我们一般的思维定势，指出从接受资本主义文明或现代文明来看，西方与美国是个老牌绅士，而中国则像充满欲望的灰姑娘，这个小姑娘想一夜暴富，想抓住一切机遇一夜变成王后。这样的比喻新颖也有创意，故引起很多人重视。但从接受与传播古典文明来看，中国、希腊、印度、罗马更像老人，而美国则像一个西部牛仔。这样，年轻、年长就变成了双向的、互换的，对于现代文明，中国是个小姑娘；对于古典文明，美国是个牛仔。有了这两个层面的意涵，中美文化的多重意义就凸显出来了。

在《饮白酒，观"湖人"》一篇中，作者提到了一个英文新词Chimerica(中美国,中美)，从构词学角度来看，新词的出现反映了一种新的现象，而且这种现象出现的频率比较高，将中美这两个太平洋两岸的国家联系起来的纽带很多，比如在第二次世界大战作为同盟国，比如在朝鲜战争作为敌对国，比如几十年前尼克松与基辛格作为一方,毛泽东与周恩来作为另一方,频繁往来,签署公报,永续友好,无形的隔离墙在中美之间已被打开了一个大洞。比如中国制造在美国,中国留学生在美国,中国移民在美国,汉语在美国,姚明、林书豪在美国,中美由暗通款曲到公开往来,再由公开往来到公然亲热,是地球人都知道的事,没必要羞羞答答,遮遮掩掩。中美有很大差异,各自也有各自的问题,但现在和将来的世界都需要两国合作而不是对抗,需要形成合力而不是反作用力。

在《奥林匹克冠军罗姆尼:能否入主白宫?》一篇中,作者说每隔四年,有两个最大的运动盛况令他纠结,一个是奥林匹克运动会,一个是美国的选举。在我们东方人看来,体育竞技与政治选举似乎风马牛不相及,但是通过罗素的叙述,我们似乎觉得两者有共同之处,在现代政治学中,两者本质上都是一种游戏。体育竞技是游戏,很好理解,政治选举也是一种政治上的竞技游戏。既同属游戏,那么就应该共同遵守游戏的规则,要有共同的职业伦理。

当然这两种有差别的游戏,也可能会互相转化,即体育游戏政治化,政治游戏肢体化。体育竞技特别是奥林匹克运动会中为了锦标和金牌,动用举国体制,把商业体育与爱国主义划等号,把体育奖牌强国等同全民体育强国,甚至等同政治文明强国,例子很多,不胜枚举(本书另收有《说游戏》一文,可参读)。而政治游戏肢体化、暴力化,则主要发生在民主制度刚刚移植过来不久,尚未成熟的新兴国家和地区,美国历史上也曾有过,中国台湾历史上也有过,经历阿拉伯之春的国家也正在遭遇着这些。

这两种游戏也可能会被商业化,体育竞技的商业化使体育越来越远离奥林匹克精神,政治的商业化则表现为腐败、黑金政治、行贿受贿。因为以利益最大化为目标的商业虽然也有游戏规则,但是最好车走车道,马走马道,让政治远离商业,也让体育远离商业。

本书的正标题叫《龙与鹰:中美政治的文化比较》,书名还是比较醒目的。我这里不是针对作者和译者,而是针对我们传播学中的"龙"意象说几句。稍微宕开一笔,开放性地研讨一下"龙"概念的传播和接受。这一点应该说与本书没有密切的关系,而是我们自己文化如何走出去、如何在输出过程中确定"元概念"的问题。"龙"意象无论在中国还是在境外,都是一个复杂的概念,在西方文化中由"龙"引出的象征意义均不太好,建议采用替换性概念"凤"或"凤凰"。从写实的角度也可以使用朱鹮、鸿雁(鸿鹄)、蝴蝶,或另外一些概念,比如丝绸、功夫、汉字、太极图等等。这些意象更单纯些,不会引出复杂多义甚至歧义的联想,或许能更好地传达我们想要传达的正能量。

让一部分人先高雅起来

30年前，邓小平拨乱反正，倡导经济改革，提出让一部分人先富起来，于是出现了此后中国经济持续发展一直飙升到G2的大好局面。

20年前，美国普林斯顿大学的华裔学者余英时接着小平的话说，让一部分人精神上先富起来。

又过了10年，有感于贫富对立、物欲膨胀、精神沦丧、满目伧俗的现实，我在2009年第二届中国诗歌节诗歌论坛的主题演讲中，引申余英时的话说，让一部分人精神上先高贵起来，心灵上先自由起来（原文收入拙著《行水看云》）。

2011年秋，"第二届国学杯全国业余围棋大奖赛"在临潼举行，西北大学作为协办单位，学校大学生文化素质基地的同学表演了精彩的节目以助兴，尹小林兄邀我在开赛式上致辞。我于手谈完全是外行，不懂黑白对弈之术，但认为围棋既是一种竞技体育项目，又是中华民族贡献给世界的文化遗产，目前仍有强大的生命力和广大的发展空间。围棋本身也是博大精深的国学的一部分,此次大赛以国学杯冠名,由国学网主办,抓住了围棋进一步普及、发展、提高的关键词和核心范畴。琴棋书画可以说是我们民族的高雅文化,实即国学,也就是国粹。我们不能让所有人都学习琴棋书画,但应让一部分人先高雅起来。闭幕式上,小林兄和几位朋友都夸奖说我的这个提法在整个比赛期间,引用率和点击率都是最高的。

其实高贵高雅应不止于教孩子学习琴棋书画。战争中的优待俘虏,不滥杀无辜;道德上的不助恶,有底线;学术上的宁可劳而无功,绝不不劳而获;经营上的一诺千金,童叟无欺;财会上的不做假账,不设小金柜;司法上的独立审判,无罪推定,不搞刑讯逼供;新闻报道中的不搞有偿新闻,客观中立,多方视点;体育竞技上的不注射兴奋剂,不服违禁药品,进而由举国体制追逐几个奖杯转变为切实提高全民族的体质;发展模式上由为眼前 GDP 破坏生态,牺牲环境,转变为追求生态文明、政治文明、精神文明等同步提升和永续发展,这些都应属于文明时代具有普适意义的高贵高雅。

高贵高雅的提法也绝不是我的孤明先发,很多有识之士都有类似的认识。如王蒙先生认为革命时期的"费尔泼赖(Fair Play)"缓行可以理解,但和平时期的"费尔泼赖"亟须实行。刘再复先生感叹现代中国贵族传统的失落,陈丹青先生顶礼膜拜木心,寻找"民国范儿",实际上都是在呼唤高贵高雅精神的重建。

当前各地申报物质文化遗产和非物质文化遗产,热情很高,但多沦为圈地搞房地产、找由头拉动旅游,拉动经济开发。于是开发成了破坏,毁了真遗产,做了些假古董。轰轰烈烈的保护反加速了文化遗产的大面积消失。

故宫的错字未引起重视,某校的"三妈"粗口教授迄今还有人追捧,某几个知名大学的学者在学术著作中把孟子翻译成"门修斯",把蒋介石翻译成"常凯申",外交部门不知道如何翻译"韬光养晦""胸有成竹"等成语,向全国人民派送心灵鸡汤的某讲坛新秀,引文时搞不清楚张大千与金庸,仍能畅谈心得体会。抗议领土纠纷的正当活动演变为打砸抢烧的刑事案件,说明我们离高贵高雅还很遥远。

国人高喊振兴国学,弘扬国粹,但会正确书写汉字准确使用汉语的越来越少,会吟诗作赋的更少。国产电影电视剧中的字幕、配音,没有打字、发音错误的太少了。过去是无错不成书,现在是无错不成影视。上海有个语文刊物《咬文嚼字》,一直被誉为"语文啄木鸟",过去除了圈内人,无人知晓,现在很红火,因为随便把哪个文化名人的著述拎出来,就可以一啄一大堆语病。但揪出问题后,名人与大众都不以为耻,反倒认为这是为某人增加点击率,甚至有人以为是出版商与名人的精心策划。在此背景下,文化的繁荣发展还仅仅是个口号,要真正实现还任重道远。故我不惮辞费,重复并引申前哲时贤的清论,提出让一部分人先高雅起来。

从物质的富起来,到精神的富起来,从精神的高贵到举止游戏的高雅,倘能真正做到,是我民族的幸事。

从"一部分人"的进步,到全体国民、公民都有此共识,则中国庶几可称"大国崛起",可称"文化强国",才有可能真正"自立于世界优秀民族之林"了。

（原刊《中国科学报》2013 年 3 月 21 日）

课比天大

穿着休闲服的思想

　　我这几年比较少写大部头的著作和长篇论文,主要是忙碌,目前的工作不允许我有大块整段时间从容地思考,集中地写作。写作更多地是在八小时之外,几乎完全利用业余时间,有些念头是在几个紧张的间歇中冒出来的。想当年曹操横槊赋诗,气吞如虎,毛泽东也曾说他战争期间的诗是在马背上哼成的。我最近的感想体会多在乘车途中匆匆记录下来,有些甚至是用发给朋友的短信改写成的。

　　我以为,根据包裹或包装的多少,可以将思想分成三型:穿西服的思想、穿休闲装的思想和裸体的思想。当然,思想本身又可细分为逻辑的思想和形象的思想两个序列。就逻辑的思想而言,专著论文应属穿西装的思想,行款格式、程序步骤、过程结论、引用标注、鸣谢说明,一个环节也不能少;随笔小品杂文等该是穿休闲服的思想,重神不重形,蓬头垢面,旧衣故裳,都无伤大雅;至于博客、微博、微信特别是匿名贴吧论坛上的文字,包括旧时日记里的文字,则近乎裸体的思想。

著作论文这类体裁有很多优点,譬如说厚重典雅,譬如说系统全面,譬如说引经据典,但是太板滞、太程序化。有时一些真实的朴素的想法,一种莫名的冲动,不能直截了当,轻松愉快地表达出来,而是要穿靴戴帽,仪式齐全地去上场,等所有的行头都置办齐了,那点欲望与冲动却早已飞到爪哇国了。东坡居士说捕捉灵感“如兔起鹘落,稍纵即逝矣”,诚哉斯言。加之,论文和著作在近些年被媒体和大众给“污名化”了。当然,不能说所有的论文都注水了,也不是所有的著作都板滞,如何“去污名化”那是学界和大众需合力做的事,我个人的矫枉过正就是不断提醒自己:不要“多快好省”地批量化生产论文和著作,宁可少些,但要好些。不求超越别人,但求不重复自己。

时下在网络上,经常能见到晒工资的、晒照片的、晒心情的,但晒思想的、晒学问的、晒灵感的、晒才气的却极少。其实古人的著作不全是子曰诗云、高头讲章,古人在诗话、词话、文话中较本色地表达自己的真实想法,在尺牍札记中也能坦露自己的性情,甚至在以批点为名的评论中,闲闲的一言两语,提要钩玄,便能把对作品的深刻理解,把对艺术的爱恨情仇,或显或隐地展露出来。

据说网络交际有一类叫裸聊,似与我们的现实法律相悖。当然,在虚拟的私人空间中能否裸、如何聊,是一个见仁见智的问题。但在现实的公共空间中,譬如说在沙龙,在咖啡厅,在国际会议中心,裸着聊显然不可能,那么是否必须穿着西服打着领带聊?穿便装或穿休闲服聊可以吗?或者说在裸体与穿西服之间有无一个过渡与变通呢?

裸聊的话题还让我想起钱锺书《围城》中关于鲍小姐着装的一个比喻,既然真理是赤裸的,那么熟肉铺子鲍小姐就属于半裸着的真理。倡导新闻真实的视频媒体,想让全裸的主播说新闻,实际上是裸聊的新闻联播版。而大艺术家罗丹的名雕塑《思想者》,则不属裸聊、裸播,应该属于裸思一类。大卫雕塑是裸的古典版,据说CCTV在展示时给大卫雕塑打了马赛克,则说明我们民族对西洋古典还消化不了。不光是赤裸裸的身体,连接受赤裸裸的思想和真理也很难为情。裸聊、裸播有碍观瞻,可以适当限制,但裸思来自古典,渊源有自,还是应该倡导的。

无产者的圣歌《国际歌》中有句歌词,长期以来未引起大家的重视:"让我们的思想冲破牢笼!"这句话是什么意思,讲红色经典的都装聋作哑,默不作声。我这里要钩深索隐地讨说法,傻傻地进一步追问,我们的思想冲破牢笼后该怎么办?是依然穿着褴褛的狱服行走,是全裸着行走,还是换上西服行走?

当然,囚服应该去掉,在私人空间你爱裸着也无伤大雅。西服自然是必须的,因为思想者要去广场宣传,要去议会厅报告,要去酒店接见外国使臣。但是否时时刻刻、经年累月都要穿着西服去思考?

换一种着装思路,让冲出牢笼的思想多穿穿休闲服,休闲服是宽松自由的,不会束缚身体,也磨擦不了身体的创伤;休闲服也是闲散随意的,让你不紧张,可以慢悠悠地观察、思考,不要急功近利地生产。

整天裸聊太嬉皮士,但整天穿着西服,把思想放在套子中,也太道貌岸然了。适当给自己的精神放放假,至少要有周末,有八小时外,有寒暑假,让思想穿着休闲服,光着脚丫,踩着海岸的砾石,踩着戈壁的细沙,踩着堤上的绿芜,我们思想,我们辩难,我们交流。

我思故我在。

器械与制度

在《科学网》上看到一篇博客文章,大意谓国人勇于率先使用西方最时尚的通讯器械 iPhone,而怯于采用西方最先进的科学管理制度。文章鼓励管理者像大胆选用 iPhone 一样,选用先进的科学管理体制。

作者抓到了真问题,建议也用心良苦。但他不知这种器械与制度矛盾甚至割裂的现象由来已久,不是自使用 iPhone 才出现的,而是一百多年来的老问题。

晚清以降,特别是鸦片战争以来,挨了打的朝廷和大臣们开始承认我朝在枪坚炮利等机械器物方面与夷人是有差距的,这也是导致我大清在军事外交方面屡战屡败、屡败屡战的原因。从救亡保种这样压倒一切的大前提下,我们开始学习西方的格致之学与器械之用。但聪明的中国学生在与狡猾的洋师傅的较量中,发现不必那样亦步亦趋,不必完全照搬西方那一套。因为那样太慢,而且会授人以口实。西方工业化经过了四五百年,现代化也经过了一百多年,我们不可能等四五百年,甚至也不会等一百多年。"一万年太久,只争朝夕",猴急的虎徒弟要多快好省,要跑步学到猫师傅的全部本领,进而要把猫师傅也打败。所以要省略许多环节,跳过许多步骤,直奔主题。亦步亦趋完全照搬西方那一套,不光慢而且傻。明显的有些程序步骤是可以省略的,因为好多程序步骤的车间由我们来管理,是否省略谁人得知?更明显的是我为你生产制作的产品,为什么贴上你的商标就大赚特赚呢?

于是乎山寨、高仿如雨后春笋,于是乎毒牛奶、毒饺子、毒胶囊、毒瘦肉、毒青菜、毒饮用水、毒空气纷纷被曝光。虎徒弟这才发现原来狡猾的猫师傅没有传授关键技术。譬如说上树,应该是尖端技术而不是力气活,貌似憨厚的猫师傅其实蛮有心计,而英武的虎徒弟包括虎爸虎妈们,这时才傻了眼。原来结果并没有那么重要,原来过程程序也没有那么简单。猫师傅说不仅要讲效益,还要讲公平;猫师傅还说结果要公平,程序也要正义。"五四"时期我们喊着要向师傅学习科学、民主、自由、宪政,在国难当头、颠沛流离的奔跑中,摔了几个跟头,爬起来已忘记了有哪几个元素?结果是百年来猫师傅上树的尖端技术,虎徒弟一个也没学到手。

当然,还有国粹论者仍操一百年前的腔调,认为西药、西服、西文或者叫洋服、洋文、洋药、洋房、洋枪虽然好,但那不过是奇计淫巧,制度精神还是我朝的先进。更何况从目前来看,

　　　　　　　　　　　　　　　　课比天大

金融危机、经济衰退、种族矛盾、文明冲突引发的各种问题，保不定究竟是东风压倒西风，还是西风压倒东风。"风景这边独好"，我们这边虽然"脏乱"但"快乐"，他们那边虽然"净美"却"寂寞"。

率先使用 iPhone，固然勇敢，值得肯定，但若能进一步反思并学习产生新技术、新发明的组织制度，那就走上了令人敬畏的向上一路。引进或租借先进的流水线固然重要，但若能引进或使用促进科学技术进步的制度，促进人才脱颖而出的机制，促进思想自由交流的氛围那就善莫大焉，功莫过焉。

方兴未艾的中东北非阿拉伯之春中，穿长袍的打败了穿西服的，并不能说明猫师傅的理论失效了，恰恰说明浅尝辄止、一知半解地学习西方，也会事与愿违。"是药三分毒"，不光中药有毒，西药也有毒。中东北非穿西服的中毒了，玩 iPhone 的国人中毒了，但这都不是药的问题，而是我们服法的问题。伤筋动骨一百天，要医治我朝几千年的老迈之躯，不光是服什么药的问题，怎样服，何时服，服多少，服多久也是一系列问题。更何况国医还讲辨证施医，中西结合，标本兼治，内外结合呢。

一百多年前的洋务派人士郭嵩焘已认识到："西洋立国有本有末，其本在朝廷政教，其末在商贾、造船、制器，相辅以益相强。"说明政教与制器有本末之别，技术、器械不等于制度，器械的先进也不等于制度的先进，勇于使用时尚的器械更不等于思想的开明、制度的先进。但若能不断地改良产生新发明新创造的土壤，则于制度的先进庶几近之。

界定、有限性与无限性

一

"必也正名乎。名不正则言不顺,言不顺则事不成"(孔子语)。讨论道德话题,也有必要首先梳理语词,厘定概念,然后循名责实,强调践行。我们要讨论的是圣人道德,还是常人(底线)道德?是制度道德,还是个人道德?是公德,还是私德?是新道德,还是旧道德?是传统道德,还是革命道德?是宗教道德,还是世俗道德?公德之中讨论的是官德、商德、师德、学德、军德还是其他?私德之中讨论的是个人信仰、个人良知、个人行为、个人习惯、个人隐私还是其他?如果搞不清这些具体的指称,拿起大棒瞎抡一气,说些情绪性的话,解决不了任何问题,不过是一场华丽的语言盛宴,有义正词严、慷慨激昂,甚至风花雪月,看起来很美好。但再大的席面,纵使千里搭长棚,终究还是要散的。

何怀宏《新世纪的纲常——"中华新伦理"一个构想》（《社会科学报》2012年3月29日）以民为政纲、义为人纲、生为物纲的新三纲为道德基石，以天人、族群、社会、人人、亲友的新五常为社会德行，欲由此构建一种从制度正义到个人义务的全面的"共和之德"，颇有新意，惜这类探讨还较少。

别忘了布鲁诺就是被宗教（道德）裁判所烧死的。别忘了"五四"先贤是从反对旧道德、旧文化、旧制度开始他们的启蒙与革命的。别忘了鲁迅笔下的祥林嫂、狂人都是被旧礼教旧道德所吞噬的。

二

政治解决不了所有的问题，革命解决不了所有问题，法律解决不了所有问题，经济（金钱）也解决不了所有问题。同理，文化解决不了所有问题，道德也解决不了所有问题。"如果把道德比做淑女，她需要法治做卫士，信仰做教师"（周国平语）。

互联网上转述胡适说过这样的话："一个肮脏的国家，如果人人都开始讲规则而不是谈道德，最终会变成一个有人味儿的正常国家，道德自然会逐渐回归。一个干净的国家，如果人人都不讲规则却大谈道德，人人都争当高尚，天天没事儿就谈道德规范，人人都大公无私，最终这个国家会堕落成为一个伪君子遍布的肮脏国家！"这话是否为胡适所言，尚待考证，但大家都愿意引用，且愿将这样有见解的话托于胡适名下，当颇可玩味。

最近坊间热传的法国学者托克维尔的《旧制度与大革命》再次说明大革命没有解决法国的所有问题。中国目前经济的GDP总量排名世界第二，但诚信和道德问题也越来越凸显出来，说明经济和财富也解决不了所有问题。

工具、武器、药方的效力都有其特定的对象性和针对性。换句话说，只有其作用是有限的，所以才会是有效的。把工具和药方的效力无限夸大，使其放之四海而皆准，这时候便与卖膏药的宣称十全大补丸可以包医百病差不多。在某个话题被谈论得最多的时候，恰恰说明这种物质是最稀缺的，甚至可能到了濒危之境。

三

东方人认为法律是禁止人们某些行为的条款，而道德则是限制人们心灵的律令。这是片面的。在西方的法哲学家们看来，法律不是负面的，而是正面的，不是禁止，而是允许，是规定人可以进行哪些活动，并且这些活动的展开可以获得保护，也可以说法律是给人们的自由思想、自由行动提供保护。同理，道德不是限制心灵的自由，不是让人感到恐惧和忧虑，恰恰是让人的心灵从有限向无限超越，从此岸向彼岸飞升。

在有限的空间中,道德是有层次性、阶梯性和差异性的。但在无限的境界中,道德的精灵是可以自由飞翔的。从这个意义上说,神学和宗教学具有道德指向的无限性。西方的圣者斯宾诺莎在世俗中走向神圣,中国的圣者孔子在伦理中走向神圣,庄子则在自然中走向神圣,而他们的共同特点就是心灵的自由与无限。用孔子的话说,就是从心所欲而不逾矩。用庄子的话说,就是逍遥游,就是物物而不物于物。

　　冯友兰将人生中的境界分为四种,分别是:自然境界,功利境界,道德境界和天地境界。在芝生先生看来,道德之上还有一种超道德的东西,他引周濂溪的话说:"士何志? 曰士希贤,贤希圣,圣希天。"希天就是从道德境界进入天地境界,就是走向精神的自由和高蹈。

（原刊《时代人物》2013 年第 1 期,本文为全稿）

精神自宫

据李国平兄讲,雷抒雁先生在一次研讨会上曾自我介绍说,他是陕西人,是司马迁的乡党。司马迁虽身体被阉受辱,成了刑余之人,但他没有捂着裤裆写作,所以《史记》不朽,司马迁精神伟大。有鲁迅的评价为证:"史家之绝唱,无韵之《离骚》。"他接着说,当下许多作家和学者,身体虽健全,但精神却被阉割了,为了虚名微利,如蝇逐臭。低着头,捂着裆,闷声发财,在强暴面前没有尊严,不敢抗争。

诚哉斯言。

宫刑或阉割是野蛮时代酷刑的一种残存,在前现代的东方社会中有几千年的历史,各种史料笔记及小说中多有采录,法人伏尔泰的《波斯人札记》中还记录了古代波斯地区皇室贵族家中也保留这种陋习。宫刑不光施于男性,也可以施于女性。于男叫阉割,于女叫幽闭。宫刑绝大多数是"被动"的,即被强制的。也有虽是自愿的,主动的,但也是由他人施行的

（详参见文蓝主编《宦官的历史》，中国文史出版社，2006年出版）。在现代社会，未征得同意而伤害人，是要治罪的。张艺谋根据小说改编的电影《秋菊打官司》，围绕的就是村干部踢了秋菊丈夫"要命处"，较真的秋菊不依不饶，一定要讨个说法。

一般来说，医不自医，教不自教，宫也不自宫。但也有例外。自己为自己施行阉割，或所谓的自净其身，史乘中也偶有记载。最典型的桥段当数文坛大侠金庸《笑傲江湖》中的东方不败，为了练成《葵花宝典》神功，自宫净身，性情大变，不阴不阳，不男不女，最后走火入魔。而林平之、岳不群等迷恋武功，也先后自净其身。金庸是小说家语，东方不败、岳不群等是虚构人物，大家尽可一笑了之。其实现实语境中也有不少类似的人事。他们身体虽健全，但精神却是残缺的。这种残缺不一定都是外力强加的，也不一定是别人强暴的。可能是他们主动迎应，甚至主动争取的。故可称之"精神自宫"。

从20世纪五六十年代走过来的人都知道，那时有问题的人要向组织写交待材料，没有问题的也要灵魂深处爆发革命，交心交思想。这种自述的一个关键技巧就是自贬自损，在别人批判之前先自我批判，在组织定罪之前先自己给自己扣上几顶罪恶的大帽子，术语叫"检查彻底，认识深刻"。通过自我精神矮化甚至精神丑化、精神罪化，以达到在运动中蒙混过关，自保其身的卑微目的。

另一类手法就是用超于常人甚至超过组织的最苛刻的标准规则来约束自己的思想言行，思想上从不会越雷池一步。久而久之，标准内化为行为模式，不会添乱，也从不惹麻烦，但同时也剪除了激情与冲动，失掉了想象与幻想，创造创新的灵根不仅在有形的身体上没有了，连在无形的精神上也没有了。这时就不要再低头捂裤裆了，因为创伤的疤痕已痊愈了，可以抬起头来走路，但再不会惹麻烦了，从此连这种可能性也没有了。

诗性正义、法律正义与历史正义

　　牛宏宝兄作为雷抒雁的生前友好,掌握抒雁先生许多生活与创作材料,对雷抒雁的作品也有很精当的阐发。其中尤以对《小草在歌唱》的解释有新意,谓雷抒雁通过文学向张志新伸张了"诗性正义"。回想一下,在1979年那个特殊时代,在高层从政治上对张志新案件作出正式公开平反昭雪之前,雷抒雁首先向烈士致敬,并举起诗性的援助之手。不仅在当时诗坛开新风气,而且对此后政治生态的演变也有助推作用。

　　如果说,诗性评价与政治评价随后陆续给了烈士,但从法律上对此案件的复审却未见公布。对造成此冤案的具体责任人也未见公开追究,史料与许多回忆中提及的烈士生前遭受了割喉、轮奸之辱,是谣言还是事实?迄今未有权威的澄清。如果是谣言,应据理反驳,以正视听;如果是事实,虽然判决政治犯死刑是来自上面旨意,但在行刑前又以这种残暴的非人性兽行来凌辱自己阵营里的革命战友,应以反人类罪提出起诉。

我不知道张志新案件的卷宗现在是否完整保留，其中是否有具体行刑者的名字？割喉、轮奸的传闻是否也有记录，谁是组织策划者？谁是参与者？案件受害者的亲属是否可以申请国家赔偿？案件现在是否过了追诉期？张志新案件的卷宗何时可以全部公布？

法律在这里缺位了。

退一万步说，即便法律错过了追诉期限，但历史不能缺位。被史家艳称的"在齐太史简，在晋董狐笔"，"时穷节乃现，一一垂丹青"。张志新的节操已见，是否已留存于丹青呢？

查看时下最著名的几种当代史著作，《中国共产党大事记》《关于若干历史问题的决议》《邓小平时代》都没有提及张志新事件，更没有对具体案件的相关传闻有任何回应。

案件发生在 38 年前，诗性正义与政治平反出现在 34 年前，历史的正义迄今仍未能充分伸张。伸张历史正义的前提是有充分的史料构成完整的历史记忆。如果历史记忆缺失了，关于历史的诗歌阐释就有可能被悬置，被空心化。

试想一下，如果没有史书中对"安史之乱"大事件的记录，那么老杜的"三吏"、"三别"、《咏怀五百字》《北征》《登高》《秋兴八首》这些史诗都会散落在历史的沙滩上。

犹忆少年读史，懵懂无知，在读《资治通鉴》两《唐书》、《通鉴纪事本末》等史籍时，不理解为什么这些著作对文学发烧友所崇拜的李白、杜甫惜墨如金？现在看来，这些老练睿智的史臣自有他们的着眼点。他们把大历史中的大事件、大脉络勾勒出来，文学家们绘事后素，随类附彩，各自的意义也都能突显出来。如果没有史臣在当时作起居注，作实录，作时代的书记官，煌煌的正史写不出，陈寅恪们欲作"以诗证史""以史证诗"的诗史互证便都失去了基础。

　　史之不存，诗将焉附？

黑　洞

　　"黑洞"是什么？我真的理会不着。读陈之藩《看云听雨》，似能知觉到一丁点。陈毕竟是科学家兼散文家，能用浅显的语言布天文物理之道，他说大黑洞相当于"里面的人既不知发生了何事，外面的更不知里面发生了何事"。他引当时媒体讽刺如火如荼的太空探险，宇航员吝于言语，不善表达，说不出太空中的奇妙，故有人支招，与其派宇航员探险，还不如派诗人到太空游览。说到这里，火候已到，老先生笔锋一转，说犹如当时地球另一端也在发生一件如火如荼的大事：文化大革命。同样，在里面的诗人没有一个留下一首诗说清楚是怎么回事，外面的人也莫名其妙，其状如黑洞。

　　我始则愤愤，继则悲悯，最后陷入冥想。那一场如火如荼的浩劫之后，真的一切都归零了吗？真的没有一个诗人的一首诗记录吗？

文革开始时我是小学生,结束时还在高中,个人的损失不过是少读点书,少学些知识。整个文艺界十年留下什么,诗坛留下什么?除了八部样板戏、小靳庄诗歌、一个人的长篇小说,十年文革文学史还有什么值得夸耀?我不是这一领域的专家,无法回答。当然,师友中已有人开始研究这一时期的文学了,我不知他们能推举出多少代表作,这些作品能撑得起那个充满光怪陆离状况的时代吗?

　　当然,还有另一类诗,林昭、张中晓、顾准、遇罗克、张志新、李九莲用他(她)们的思想和生命展演了悲壮的行为之诗,他们的头颅被放置在那个时代的大祭台上了。看了他们的遭遇,我们自然会络绎联想到文革的许多事。

　　如果允许把那时的文学艺术和人文科学稍稍朝后挪一下,雷抒雁的《小草在歌唱》算是从黑洞走出来的人的描述和反思吧。而在黑洞边缘冷眼观察了始末的金庸,他武侠小说创作的巅峰期,应与文革十年有很大的重叠,他作品中的许多意象,作奇特解会,黑洞中出来的人心知肚明,相视一笑,甚至会拍案叫绝的。

　　也许,大音希声,那十年西方如火如荼的太空竞赛本身就是一首诗,而同样如火如荼、轰轰烈烈、触及灵魂的文革也是一首奇诗,其他的诗、小说、评论,都不过是对这篇原创的东西的注脚和解释。

　　想想看,后人会如何看我们经历的那个冷战时代?假如有天外访客看到当时东西半球两件如火如荼的怪事,或许会像陈之藩先生一样判断:黑洞,黑洞,绝对的黑洞现象。我们这些亲历者,"洞中方数日,世上已千年"。当时不明就里,现在仍浑浑噩噩,也许又陷入到另一个黑洞中也仍未可知。

说游戏

西洋有一派理论,谓艺术起源于游戏,较早提出的有康德,还有席勒、谷鲁斯、斯宾塞,但核心人物是德国的席勒、英国的斯宾塞,故这一派的理论又被称为"席勒—斯宾塞理论"。其实中土也有类似的表述。如孔子在《论语·述而》篇中就说:"志于道,据于德,依于仁,游于艺。"有人会插话说,此言差矣,"游于艺"的"游"与游戏的"游",词义似不同。但按照我下文的谬解,游艺是一种游戏,游泳也是一种游戏,故意思还是可以通解的。《庄子》的《逍遥游》篇讲精神上的自由,也是精神上的一种游戏。虽与孔子的意义不同,但与我下文的理解也有关联。

在我看来,不仅艺术起源于游戏,百工群技起源于游戏,甚至万事的缘起都与游戏脱不了干系。

体育起源于游戏,应不会有很大的疑问。作为古代人体力的娱乐与竞技,一直延续到现代,体育仍保持着这两个特点,只不过越来越不纯粹。商业操作的加入,民族意识的投射,举国体制的支持,遂使体育的游戏性质变得越来越复杂,也越来越让人看不懂,似乎赢球就是赢了国力,赢了体制,赢了尊严。反之,输球也就满盘皆输了。给游戏附加了太多的意识形态,不光球员累,观众也累。但是当你打开各种报刊时,体育事业与体育产业仍放在"娱乐版",就知游戏的本质其实并没有变。

爱情本质上也是一种游戏。汉乐府民歌中"江南可采莲,莲叶何田田,鱼戏莲叶间。鱼戏莲叶东,鱼戏莲叶西,鱼戏莲叶南,鱼戏莲叶北",用鱼戏水中,兴起男女寻偶求欢,现代汉语中仍将男女欢爱称作"鱼水之欢",再次说明游泳的"游"与游戏的"游"是可以通解的。婚姻是爱情游戏公开的一种仪式,生育则是爱情游戏的附产品。儿童时期小孩子的过家家、扮新娘,是在游戏中传习展演婚姻那些事的寓教于乐方式。偏远地区通过说粗话,说荤段子,闹洞房等粗鄙的游戏,实现启蒙两性知识和爱爱教育的目的。

政治是人类作为智能生命的一种社群游戏。政治通常是群体的活动,一个人不好玩政治游戏。犹如一台戏要有演员也要有观众,有主角也要有配角,生末净旦丑一应俱全,捧逗配合,才是大戏,才热闹好看。政治中的组织、动员、投入、参与、观赏都是游戏的基本程序。

战争应该是原始人蛮性游戏的一种残留。战争的结束由胜者宣布,亦如游戏的胜利由赢家来决定。但正如游戏场上无永恒的胜利,战争棋局也只能一场一场论,并无常胜将军。

游戏的形式之间,常常互相转换。本来是爱情的游戏,可以变成一场战争的游戏,如希腊史诗中记载的特洛伊战争,还有春秋时期周幽王为讨妃子褒姒欢心,以举烽火博美人一笑,结果真的引出了战争,都是爱情游戏转变为战争游戏的经典桥段。

唐人杜牧《题乌江亭》诗说:"胜败兵家事不期,包羞忍耻是男儿。江东子弟多才俊,卷土重来未可知。"将战争游戏的阶段性说得很透彻了。

游戏要能不断接续下来,就必须有一套规则。规则有显性的,也有隐性的。法律和各种行规就是显性的,道德习俗就是隐性的规则。前几年有学者吴思标举前现代中国社会中,有所谓的"潜规则",实际上也是一类隐性的游戏规则。其实我们常说的"丛林法则"就是一种游戏规则,只不过是原始时代形成的"赢家通吃""弱肉强食"的规则,若无人挑战,如无人要求废止,这种规则会长期沿用不辍。

规则虽可能是少数人制定,甚至一个人制定的,但必须有多数人的认同。认同不一定非要举手投票,沉默也是一种认同,因循也是一种认同,还有用脚投票也是一种认同。

有了规则,还得要有人遵循践行。竞技体育中个别人年龄性别作伪,服用违禁药品,是可以通过处罚来维持规则的。

但如大多数运动员都违禁,处罚就失灵了。亦如今天的"中国式过马路",如果仅仅是少数人,你可以罚款,可以曝光,可以留不诚信记录。但千军万马,浩浩荡荡,举国上下,大江南北,都不管红绿灯,处罚注定要失灵。严重的问题是要让全体国民都高雅起来,文明起来。至少要让一部人先高雅起来(参见本书同名文章),让大部分人学有目标,赶有方向。

游戏不光要有活动规则,还要有活动结果,当然也要有完整的活动过程。现代政治学家为政治游戏制定的规则较缜密细致,即结果要公平,程序还要正义。

游戏有感情的投入,甚至要有信仰信念。所以那些伟大的体育竞技家、伟大的表演艺术家和美术家,亦如伟大的哲学家,他们有自己的理论,有自己的信念。"祭神如神在",表演中的"酒神精神派"演员,忘我忘情到真的以为自己就是角色魂灵附体者,戳穿了这一点,他们的戏是演不下去的。

当然有些游戏,表面上是有规则的,但却暗含着强迫强制。如古罗马斗兽场上的角斗,无论输赢,本身就是对奴隶们基本人权的一种践踏,罗马公民的狂欢,建立在对奴役者变态嗜血的欣赏上,像是撕咬仅有二分熟带血丝的肉,像是第二次世界大战中德国军官剥下少女乳房皮来做灯具,早已畸变为一种残暴,与游戏的本义大相径庭。

现代政治中的被代表、被参与、被幸福、被就业,实际上也是被绑架投入到某项游戏活动中。

　　　　　　　　　　　　　　　　　　　课比天大

"不信君看弈棋者,输赢须待局终头"(白居易《放言五首》其二)。有游戏,就有输赢,有胜负,有成败。从游戏的参与者来说,肯定是对成败利钝在意的,计较的。但不要把游戏过分道德化,在游戏中,胜负成败并不简单等于荣辱兴衰。

在局外人看来,不光悔棋者可笑,饶舌者可笑,甚至连不语者也可笑。西谚说:人类一思考,上帝就发笑。因为人类在游戏场上的表演和思虑,在场外的上帝看来,当然是可笑的。"双棋未遍局,万物皆为空"(孟郊《烂柯石》),是说神仙的棋局无胜负,"棋罢忘言谁胜负,梦余无迹认悲欢"(吕碧城《琼楼》),至于凡人不光棋局无胜负,连人生也无胜负,你想想,能从梦中找寻到多少悲欢的印痕?

知道了万事的缘起和本质是游戏,可以使我们省了许多麻烦,也减了不少压力。我们沮丧时所说的"戏如人生,人生如戏",实际上就如安徒生故事中孩子所见的皇帝新衣,本来就是如此。只不过我们被许多歪理邪说所污染所蒙蔽,眼睛看不到简单的事实,耳朵也听不到简单的声音。

中国的教育家们煞费苦心要让孩子们减负,其实孩子们反过来会说,成人们都成了蜩螂了,首先应灵魂革命,头脑减负,少点污染,少点功利,少点杀戮,少点计较,多些蓝天白云下的游戏吧。

教余忆往

我是傅粉

——傅先生印象小记

20 世纪 80 年代后，海内外从事唐代文学研究的学人恐怕很少有人不知道傅璇琮先生，或读其书，或从其游，或述其学，或由其编辑著作，或参与其所主持的课题，或出席其所组织的学术活动。我长期作为中国唐代文学学会秘书处的工作人员，与傅先生交往过从 30 多年，也可以说是众多"傅粉"中的一员，乐于把随傅先生游学的点滴印象写出来与大家分享。

初识荆州

第一次见到傅先生应追溯到 1982 年，那时我还是中文系的大三学生。那一年在西安有两项与唐代文学研究有关的重要学术活动，肯定要载入学术编年的史册。阳春三月，由霍松林先生在陕西师大发起召开了首届全国唐诗讨论会。5 月初，又由傅庚生和安旗先生倡议在西北大学召开了首届全国唐代文学学术研讨会。

　　直到今天,提起这两次活动的学者仍啧啧称奇。在一个二线城市的两所学校,不到半年连续召开两次性质近似而又各具胜义的国际性学术会议,在当下的学术环境中似乎让人难以置信。可以将此理解为经过"文革"的长期学术禁锢,内地学者学术热情的持续喷发和学术活力的不断释放。也可以视作人文科学经过漫漫寒夜,学术春天缓步到来的标志。也有人说这是两所实力雄厚的学校在古代文学研究领域的公开竞争和比拼。每个会议都有上百位学者出席,人气旺盛,媒体关注,讨论热烈,成果丰硕。尤其是西大的会议,因有老校长郭琦全力助推,请出时任省委第一书记的马文瑞在开幕式上致词,代表下榻处选在省委指定接待处止园宾馆,规格之高,盛况空前。这次会议的直接成果是全国唐代文学学人的大集结和中国唐代文学学会的正式成立。

　　因为系里老师承办会议,故我参加了在西大太白校区礼堂举行的开幕式,还跑到止园宾馆旁听了学术讨论会。那时候傅先生还是中年学者,故他讲话不像苏仲翔、王达津、周祖譔等先生那样激情昂扬,他在会上侃侃而谈,只是宁波口音较重,要静下心来仔细听始能听清楚。印象最深的是,他的讲话材料丰富,又非常熟稔,引文出处信手拈来,而又能抽丝剥茧,层层推进,条理极清晰。那时傅先生的《唐代诗人丛考》甫出,清新的文风,富赡的材料,绵密的考证,与"文革"以来的假大空文风不同,与我看过的那些先入为主、以论带史的著述也不同,令人耳目一新。我为了应考,正在翻读这部著作,虽然感到这部书内容太多,人事之间枝节环绕,某些部分的考证极细碎,恐与应考关系不大,但还是兴致颇高,硬着头皮坚持阅读,感到这是一座富矿。听了傅先生的报告,又感到这是一座巍巍的高山。我不得不承认,我对唐代文学的学术志趣和职业生涯,也是因这次会议确定下来的。

京华求教

1995 年暑期,我带着儿子陶然到京城观光旅游,唯一安排的学术活动就是去王府井中华书局拜访傅先生。事先与傅先生约定下午下班后在他的办公室见面,汇报学会秘书处的工作,请教有关我承担的一个课题的问题。因我住得较远,又带着孩子,中间换乘了几次车才赶到王府井大街 36 号,等进了编辑部已是下班时间,我跌跌撞撞跑上跑下,但并没有找对傅先生的办公室。我当时还以为他事冗,不在办公室,于是在楼道绕了一大圈就离开了。

晚上在宾馆给傅先生打电话解释,他说他一直在办公室等我,直到很晚了确定我来不了才离开。我感到很歉疚,不好再过多占用傅先生的时间了,于是就在电话中向他汇报了我打算做唐代园林这个课题。傅先生询问了有关课题的立项背景,对我的选题给予充分肯定,并详细向我介绍如何入手搜集资料。

那天晚上电话通了很久，虽然不是当面承教的"面命"，但通过电话上的"耳提"，仍给我非常深刻的印象。我后来将唐园研究作为自己学术研究的一个方向，陆续推出一些成果，迄今仍能被圈子里的师友们提起，实与傅先生的点拨和指导分不开。

高山仰止

傅先生所涉及的学术领域，每个方面都有持续深入的研究，无论是选题上、材料上还是方法上，可以示人轨辙处颇多，认真研读能获得很多启发。尤其是在唐代制度研究方面，读他的成果比读制度史专家的成果获益还要多，因为他提供了许多鲜活的细节，关注到了从事文学研究者感兴趣的许多形象的感性的材料。特别是在唐代科举与文学、唐代职官制度与文学、唐代文学编年等方面，他的很多见解迄今仍很难超越。

记得 2000 年，我在韩国庆尚大学任教，收到中国李白学会要召开一次高规格会议的通知。庆尚大学虽然是一所国立大学，但相关的中国古籍文献还是很有限，我一方面想勉力写一篇高质量的论文，另一方面又苦于在境外资料搜求不易，开始想对李白"供奉翰林"及"赐金还山"这段公案进行一番新的检视。我读了傅先生和毛蕾博士等学者的成果后，感到很多问题别人已涉及，不易出新，但仍不甘心，于是对学界的各种观点仔细梳理，既有呼应又有回避，凑了一篇文字，当时还洋

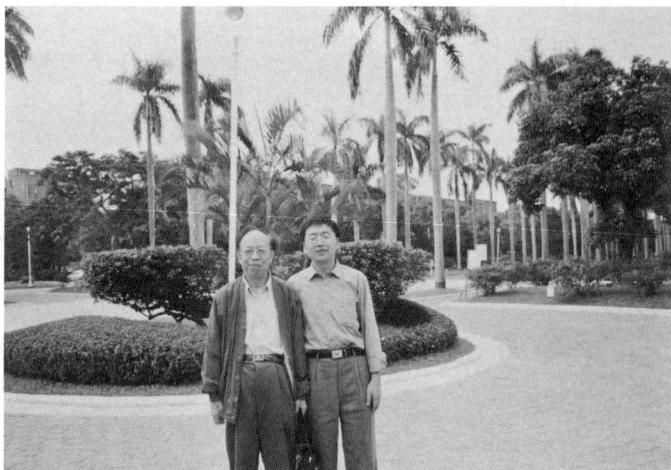

与傅璇琮先生合影

洋得意,与另外一则读书笔记《李白诗中"破颜花"正诂》合成了一篇论文。会议间歇,有一位朋友坦率地告诉我读了我论文的感受,他认为关于"破颜花"一节不错,很精彩,但关于翰林供奉一节写得并不好,几乎了无新意,不能代表我的水平,这样尖锐的批评当时让我很窘迫。但后来觉得朋友讲得很对,于是在我正式发表和收入论文集时,我将供奉翰林的考释文字全部删掉,从此不再提及。

在此问题上我没有留下自己的见解,也无法超越前辈学者,我一方面感到气馁,但另一方面,又对包括傅先生在内的前贤经过绵密考证所获成果,永远心存敬畏。世上有形的高山固然难攀越,登顶者值得人们追捧。但无形之山,特别是精神之山和学术之顶的攀越者,更值得敬仰。

琢玉偶记

傅先生一直很注意对学术人才的扶植奖掖,经他口讲指画点拨培养的年轻学者,近几十年来多达数十位,悉有法度可观。内地唐代文学研究界人才辈出,比较好地完成了代际传承,实与傅先生等前辈学者的悉心栽培分不开。

记得 2006 年底,傅先生电话告知我,中国人民大学国学院成立,遴聘他为导师,培养研究生。唯第一次招生的计划做得有些仓促,没有在招生简章中明确说明,他嘱我推荐一些优秀考生。我于是举荐卢燕新君。燕新果然不负期望,斩关夺将,笔试面试一路顺利通过,正式成为傅先生招收的首届博士生。

在京三年,燕新古朴热诚,勤勉向学,傅先生与师母也视燕新如己出,手把手地教,使燕新在学术上突飞猛进,发生了质的变化。当我拿到燕新寄的博士学位论文初稿时,感慨万端。燕新犹如一块大璞石,置于西安很长时间,但未被人们发现他的光彩。经傅先生反复打磨,精雕细琢,才使其脱颖而出,崭露头角。燕新后来去南开工作,也是基于傅先生的鼎力举荐,他的才华也逐渐为陈洪、卢盛江、乔以钢等先生所赏识,他的论文能获得 2011 年全国博士论文"百优"奖,不过是水到渠成、实至名归的事。

燕新在学术上才刚刚起步,任重道远。但傅先生的慧眼识才、推挽引掖如恐不及,使其脱颖而出,则是关键的一步。

其实古代文学界经傅先生扶植奖掖的年轻学人不知凡几，我所知有限，但仅燕新这个例子，也可以让我们略窥一斑。

存留墨宝

2012 年 5 月，与我合作研究的三位博士后田恩铭、于俊利、王早娟完成了研究报告，依照惯例，要召开一个出站审核会议，同学们曾说过想要认识一下傅先生。我试着请傅先生主持。我知道他很忙碌，也等着他拒绝，孰料他慨然允诺。阎琦先生想得周到，他说西大是中国唐代文学学会的会址所在地，秘书处又长期设于此，应请老会长为学会题写一个牌匾，顺便给我们秘书处工作人员每人题个辞，我说我不敢向傅先生提这样过分的要求。阎老师说由他联系。傅先生到西安时已将给学会的题名，给阎老师、芳民兄和我的题词都带来了，让我们格外欢喜。特别令我没想到的是，傅先生的每一款题词都写了两次，供我们选择。虽说这是老辈文化人的习惯，但想到傅先生年高体弱，事务繁忙，我们这个小小的请求又不知浪费了他多少宝贵时间，令我感到深深的自责。

傅先生书赠我的是明代薛瑄语录："惟宽可以容人，惟厚可以载物。"以宽厚容人载物，正是傅先生的人格写照。相形之下，我做得很不够，但我能明白傅先生的良苦用心，此种境界虽不能至，而心向往之。由此又联想到胡适之先生"容忍比自由更重要"的名言，更觉得"宽厚"、"容忍"作为仁者之品德

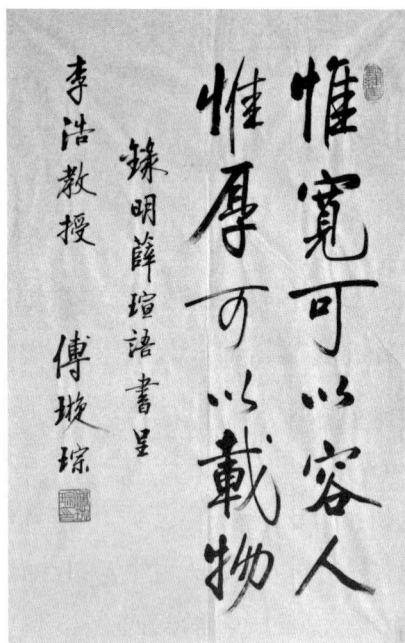

傅璇琮先生手迹

是毫无疑问的,但要作为常人行为准则,推广起来仍任重道远。这些天电视热播韩剧《伊甸园之东》,男主角李东哲父亲教育儿子:男子汉的胸襟要能拥抱大山,不仅要能包容他的朋友,还要能包容他的敌人。虽是充满宗教意味的说教语言,联想起傅先生的题赠,仍让我肃然起敬。每天在书房中,看着傅先生的手泽,或许能使自己的小肚鸡肠慢慢宽厚起来。

(本文原载《傅璇琮先生学术研究文集》,题为《走近大家:傅先生印象小记》)

草　香

在丈八路办完事,沿着唐延路漫步。心闲无事,缓缓地赏看周围的景致。早春的长安干爽晴朗,没有南方的阴暗潮湿味,开放式绿地上野草疯着长,一天一个模样。园丁用刈草机刚刚割过,轰鸣声甫停,一股浓厚的腥味飘来。不是汽油味,不是农药味,也不是游客身上散发的劣质香水味,更不是驱虫的花露水味,而是野草本真的味道。

草的味道本来很轻淡很微弱,一般是嗅不到的。特别是在香辣酸甜等各种重口味的肆虐下,我们几乎失去了品味草木本真味道的知觉。犹如在轰鸣嘈杂的城市主旋律中,我们听不到天籁一样。

只有在草木被撕裂、被割断、被移除时,植株的新鲜枝叶在瞬间断裂,才会流出汩汩的汁液,飘出浓浓的腥味,就像我们平时并闻不到血的腥味,只有在屠宰杀戮生命形成创伤时,才有血腥味。草木的腥味也应该是草木流动液汁的味道吧?

我猜,无论是草木的眼泪还是草木的血液,都应该是这么浓重的腥味吧?

味觉也应有储存记忆的功能。我很快联想到我孩童时代的往事。我的童年是在张家畔度过的,虽然是个县城,但我们与农村、农事、农活的联系还是很紧密的。

我穿的第一件白衬衣是自己拔草买的。入春之后,特别是暑假中,我们一帮孩子放学后提着筐子到郊区生产队的地里拔草。草类植物中的学问也很大,谷莠子草是喂大牲口的,苗条菜是喂猪的,豆奶奶草(俗名,学名叫什么我也不知道)是喂兔子的。如拔来苜蓿特别是偷着拔来开春的头茬苜蓿,那就舍不得喂牲口了,人吃也很稀罕。头茬苜蓿用热水笊过,再和煮熟的洋芋拌起来,是乡下开春最鲜美的食品。后几类主要是自家用。第一类则可以卖到客栈里。

张家畔主要有一分栈、二分栈。即两个供赶牲口拉脚货运的人下榻的便宜旅舍,相当于现时的快捷旅馆,北美的motel 之类。

记忆最深的是,草拔起来有腥味,捆起来背在身上也能闻到腥味,卖在客栈帮客人铡草有腥味,槽头牲口嚼草时也能喷出浓浓的腥味。

草是植物中最平凡最低贱的,但也是植物中的庶民、大众,所以传说神农氏尝百草而知晓了植物的药性功能,黄帝的药典就叫《本草》,明代的医药学大家李时珍广大之、充实之、体系之,便形成了那个时代伟大的药典《本草纲目》。

草木本来就是大地的毛发,大概草的腥味与土地的腥味最接近。依恋草木也就是依恋大地情结的一种折射。人生一世,草木一秋。这是旧时说滥了的套话。其实草有重荣日,人无更少年。真正残酷的而又不得不戳破的实情是:你还不如草木!

你能看到草木一岁一枯荣的变化,会不禁生发许多伤春悲秋之感,这是类比。但你看不到自己生命从生到死的全过程,譬如说你并不知道你怎样从羊水中出来,你也不会知道你怎样被送进火化炉中吧。只有个别智者冷眼旁观,意识到自己的生命就像芦苇一样脆弱,而且是一枝有知识有思想的芦苇,是有疼痛感的芦苇。这是对比。千唐志斋主人张钫在他的读书石室上题有:"谁非过客,花是主人。"先将花草拟人化,再让人与花草换位,形成充满大智慧的对比。在对比的语境中,你会发现人比草木更悲惨。

最近媒体喜欢拿舌尖作话头,我倒觉得舌尖与味蕾如还能知觉出草木的味道,则不光是能品味出文化中国,还能直觉出大道自然。

文明带给了我们数不清的好处,但也荼毒了我们,我们的包括舌尖味蕾在内的感官,早已经被异化了。我们已分辨不出自然原来的味道和各种被添加上的味道,我们以品尝经过勾兑的各种化装文饰的味道为荣,而恰恰不知自然的原味和真味。

近年来，马齿渐长，浑不喜侈华浓烈，饮食也仅爱好清淡的菜蔬，最喜欢的吃法是将蔬菜的叶、茎洗净，不加芥末、色拉油等各种调和，甚至连盐和醋酱也懒得用，最好连刀切的程序都省掉，口里嚼出的便是蔬菜的原味。这时草木的本真味就突显出来，没有铺垫，没有烘托，没有遮蔽，活生生赤裸裸的草木味，涩涩的，腥腥的，苦苦的，像每天生活的味道，或者也可以说生活像各种草木的味道。这应该是食材本身具有的原味，没有添加或掩盖其他的味道。

只可惜当下中国人的舌尖和味蕾大多还进不了这样的境界，也欣赏不了这样的文化。

（原刊《光明日报》2013 年 7 月 5 日）

做父亲的目送

在咸阳机场 T3 航站楼安检处,你戏谑地说:老爸不是要目送吗,就让你送个够。你拥抱了我,然后拎起那个臃肿的大包在安检处排队,缓缓地从人流的尽头消失。我站在那里没有移步。这几年年年相送,便捷的交通和通讯工具几乎把东西半球变成了一个大村庄,所以心里头也没有很大的触动,你老妈则说我是心硬。倒是你说的"目送"云云,让我浮想联翩,材料足够支撑一篇核心期刊的论文。

你故作轻松,调侃着解构了《目送》,也解构了我心中的龙应台。当然龙应台不是泥塑的,靠你泼的那点冷水是散不了的。在我看来,龙应台首先是自己解构了自己。我只注意了《目送》《亲爱的安德烈》中的龙应台形象,而忽略了龙应台是靠《野火集》名噪一时的。《野火集》中的激烈、愤世、批判,与想有所担当的台北市文化局长、台湾"文化部长"龙应台应有联系。台岛族群严重对立,两岸情势波诡云谲,穿着休闲服运动鞋的龙应台真没必要趟这浑水,两岸爱入鲍鱼之肆的臭男人多得是,龙女士真不必赶这趟政治的晚市。

语文教师喜欢将朱自清《背影》与龙应台《目送》比较,隐含着承认《目送》已成新经典的地位。实际上两者有很多差别,朱自清是以儿子写父亲送儿子,以儿子目送父亲的背影。龙应台则兼而有之,先是以母亲目送儿子,再是以女儿目送父亲,李浩则是以父亲目送儿子陶然。不同的时代,不同的空间,不同的角色,不同的心境,传达出来的也是截然不同的况味。朱自清是自己在旅途中目送父亲归乡,龙应台最后一次送父亲是生死之别。而她送安德烈就轻松多了,近乎李浩送儿子。

当然,也有许多细微的差别。比如说母子的感情与父子的感情是有微妙的差别的。比如说安德烈的混血、在多元文化背景中的成长,与陶然的单纯也是不同的。比如说在逼仄的台岛与在文化腹地的长安的心情也是迥然不同的。

从朱自清父亲的目送,到龙应台的目送,再到李浩的目送也形成了序列。人生无穷已,江月只相似,目送伤往事,山形枕寒流。一代代的往事虽被追忆,但一代代的再现却被误读甚至被解构。被儿女们,被粉丝们,也被以诠释文本谋稻粱的教授们误读和解构着。

昨天得知你从浦东出境,我在上班途中急驶的车上忽然产生了一种触动,所谓父亲,就是见证并目送着儿子从一个女人的手上移交给另一个女人,就像见证香港从英国人手上移交给中国人一样。

你回短信说:"不好,香港属于中国,儿子属于父母。"我这时才心里有些酸楚,莫名地感动,短信回复:"你比我爱国,也比我爱父母。"

陕北人过去爱说:"十个桃花女,不如一个跛脚儿。"这个观念太旧,其实桃花女虽远或许能成为父母的小马甲,而跛脚儿虽近或许也会娶了媳妇忘了娘。远和近不仅仅是物理的,更多的是心理的,故所谓父亲的目送是眼睁睁看着儿女与父母的那根无形的精神脐带被剪断,蒙古大夫用钝刀子锯着,很疼很疼。但我们是男子汉,不能叫出声来。就像小时候幼儿园的阿姨对你说的,男子汉是不能哭的。

看　报

据说英国市民的典型扮相是戴礼帽拿雨伞,而英国绅士的派头则除此外还天天读《泰晤士报》。中国人差可相似,虽不一定是市民或绅士,但读报的嗜好与习惯由来已久。

"秀才不出门,便晓天下事。"其实秀才们关于天下的信息与知识都是从书上得来的。现代的秀才们,在互联网出现之前则主要从报纸广播中获得。没有从报纸广播及文件获得最新消息的,与及时获得者便形成了落差。用术语说叫信息的不对称,不对称说明等级地位的不同。

报纸有大报有小报,有地方的有中央的,有公开的有内部的,有行业的有公众的,有境内的有境外的。譬如说过去的《参考消息》,是有一定级别的人才能订阅的。后来逐渐宽松了,什么人都能看《参考消息》了,但有级别的人则看另一个《内部参考》,又称"大参考",还有各种未定稿、送阅件和清样等等。能看到中央的、内部的、境外的、送阅的报纸,象征着身份和级别。

报纸一多，行业不同，地域不同，就可能导致立场观点的不同，就会出现杂音，但在中国这类问题还不算突出。就连史无前例的"文化大革命"中，持续十年动乱，但却能做到"小报抄大报，大报抄梁效"。互相抄不是报人无能，当时也不涉及著作权署名权等问题。这样一溜抄下来，本身就显示了一种政治智慧，其好处是上下能保持一致，能有一个统一的声音，至少在舆论上不会出现天下大乱。十年动乱，但舆论不乱，这也很值得沉思。

长期以来，中国人乱怕了，疆土的乱会造成政权的分裂，言论的乱会造成思想理论的分裂。这些都被认为是很严重的很可怕的事。步调一致，声音统一被看作是政治稳定、统治强大的标志。

当然，声音的过分统一也有一个问题，就是千报一面。近些年我因兼做一点管理工作，单位给订了十几种报纸，每天有一大摞，一周下来能积到盈尺高了。中国文化讲"敬惜字纸"，所以我每天或隔几天要把这些印刷了字的新闻纸统统扫视一遍。报纸虽多，但阅读起来很快，每天的报纸半个小时能看完，每周的报纸集中看也不超过两小时。不是我一目十行，过目成诵，有速读的本领。常言说"读报读题"，其实当下的许多报纸连标题也不要细看，前几版的消息、新闻甚至连照片都是统一播发的，术语叫通稿。有时通稿中出了错别字之类，转载或刊载的系列报纸就都跟着出错。既然不同的报纸多用通稿,看一篇就相当于把不同报纸都知道了,这也不算什么特殊才能。

声音过分统一还会产生另一个问题,就是把负面的、不同的意见掩盖、遮蔽甚至删除过滤掉。比如说顾准、张志新、李九莲这些优秀知识分子的事迹在当时的报纸上绝对看不到。马寅初的人口论、大跃进的粮食产量、钢铁产量当时也只能听到一个统一的说法。至于说吃食堂饿死了人,人民公社期间途有饿莩,这是绝对没人相信的,因为报纸上没有讲过。

十年前,我在韩国一间大学教中文口语会话课时,喜欢每天问班上学生说:"今天有什么新闻?"学生们一脸迷茫。我接着问:"中国今天有什么新闻?"学生们干脆说不知道。我再问:"韩国今天有什么新闻?"学生们还是说不知道。我寻思韩国人也算是汉文化圈的,国民也还特别爱国,应该有中国人读报看新闻的习惯吧,但是令我失望的是年轻人对所谓的大事和新闻真不关心。其中有一位从美国来的英语教师,连美国总统换届选举这样的天大事也不关心。我有一次去他公寓还发现,他将学校给每个教师公寓(guesthouse)配备的电视机干脆放在衣橱里,怪不得他那样无知呢,他连信息源都关闭了,又如何能获得新消息。他与我交谈时恳切地说,他是靠信仰生活,而不是靠知识和消息活着。

近些年,互联网发展迅猛,我们获得消息的途径多了起来,不再单独依靠纸媒。但互联网上的消息太多,所谓海量信息,我们一时看不过来,也筛选不出轻重主次,我们习惯上看大新闻,关心大事,但在互联网的海洋面前,我们一片茫然。更要命的是,纸媒上的特别是大报上的消息和观点传统上被认为是靠得住的,我们不必怀疑真假,但现在从互联网上获得的消息我们首先要鉴别真假。我们再一次望网兴叹,无所适从了。

好在互联网也开始发通稿,有关新闻和大事,我看了一条,其他也可以不看了。如果有一天,互联网也像纸媒一样彻底统一了,"小网抄大网,大网抄网管",那么我们读网络报纸的时间也可以大大节省,不必像没头苍蝇一样耗费一整天在网际间窜来窜去,可以把我们从对媒体的依赖中解放出来。

假如有一天,我们能自信到不再靠消息而靠信念活着,小道消息、奇谈怪论、天方夜谭、歪理邪说便都没有了产生的土壤,也没有了传播的空间。等大家都对谁当选美国总统这些泼烦消息不屑与闻的时候,不知这是进步还是后退,是好事还是坏事?

(原刊《随笔》2013 年第 4 期)

淘　书

重游台北，勾留的是书肆，快意的是淘书。

11号早起从西安出发，冰凉侵人，我把自己包裹得很严实。转机到了台北，朋友们说今年暖冬，浑然不觉寒冷。晚上

在台北的雅舍（梁实秋先生故居）

与萧教授、曹教授餐后，似乎仍无倦意，在台大正门口与她们分手，我就遛到马路对面的诚品书店。诚品是连锁店，据说最大的门店不在此，我从前来过的也不是这一家。店面两层，整齐雅洁，我重点去地下一层，文史、艺术、社科及各类教材主要在这一层。有很多想要的新书，我尽量克制自己，像逛图书馆一样，走马观花，先看个大概。一直到书店的广播提醒营业时间快结束了，始恋恋不舍地离开。

第二天在台湾师大讲演后，由王基伦兄陪同去南港的"中研院"。印象最深的除了史语所博物馆、傅斯年图书馆外，就是"中研院"的出版中心。他们中心的出版物可以赠送，所以蒋秋华先生嘱我将目录带回细细勾画，随后转他，由他负责寄赠。后来他陆续寄来《傅斯年遗札》三大册，以及已出版成套的《文哲所集刊》和《文哲所通讯》，这是后话。我当时重点将中心书店中其他出版社的书刊粗粗扫视一遍，选了几种。在博物馆的礼品店可以购买馆藏珍宝的复制品，我选了宋刊本《文苑英华》《颜氏家庙碑》《石门颂》《爨宝子》等几件复制品。《颜氏家庙碑》原物在西安碑林，按理说我从碑的故乡去，何必舍近求远在台北购拓片？何况虽是复制品，因制作精美，价格竟比一般正版书高出许多。不过，玩金石的人明白，"中研院"所藏是原物的旧拓，目前书店见到的各种帖子都是裁剪成片断的局部，教儿童习字，见木不见林。没有文献的意义，也看不到整幅布局上的气势。碑林虽是原物，近七八十年来反复打拓,不断磨损,愈加漶漫,刻痕越来越浅,颜体越变越细,雄浑厚重的感觉也越来越淡。从这个意义上说,"中研院"旧拓的复制品,更接近原作的精神风貌。

萧教授说,对海外学人最方便的是乐学书店。于是我周四专门抽出大半天时间逛乐学书店。从福华会馆所在的新生南路,到金山南路的乐学书店,其实距离蛮近的,步行十多分钟就可以到。乐学的老板很会做生意。客人甫至,先递上一杯热茶,拉过来一把椅子,让客人坐下慢慢看。然后要我的一张名片,我在选书时,他们已将我的信息全部输入归档。萧教授让我联系黄小姐,我以为是一位小女生,谁知竟是这位女老板。她从计算机中调出来各地学者的名字,有北美的孙康宜、康达维等,内地的荣新江、陈尚君、王兆鹏、蒋寅等。其中尚君兄还在她的店预留了书款,有新书即寄去。我说我也预存一千元,今后根据你们的书目选书,选好的书你们径寄。萧教授还说黄小姐原来在学生书局做事,对各个出版社的旧书特别熟悉,所以客户找她配书,不管店里有无,她都能最后找到,让客户满意。我在乐学把近几年台湾地区唐代研究的主要成果都找到了,特别是毛汉光先生的《中国中古社会史论》《中国中古政治史论》,对我当年撰写学位论文帮助极大,但当时是从北京图书馆(即今之国家图书馆)港台书刊部抄了好多天,最后感动了管理员,始同意复印,两书复印下来盈尺高,伴我辗转了多年。内地上海书店一印简体字本,我第一时间买到。但联经出的原版,我一直没有。上次毛先生来西安,因是历史学院邀请,我事后始知,故也未谋面。此次在乐学见到联经原版,抚摸书封,如逢旧雨,又毫不犹豫地选了一套。

临行前又去了一趟联经书局开的书店,也在台大附近。近年来陈丹青、陈村和梁文道等不停地炒木心,我还真没读过木心。半年前在网上搜索数据,木心的文字让我眼亮,但遭遇令人唏嘘。当时乘兴跑到西安的两个汉唐书店,都说木心的书已售罄。联经的书架上竟有全套木心作品集,让我喜出望外。我不想做专家,没必要购全集,拣了三四种先睹为快。通过董桥的书,我始知陈之藩也十分了得,理科方面的专家,但文史淹博,文字也雅得不得了,还有许多超众的见识。内地也开始销售陈之藩了,书虫们应庆幸。但正如我对山水景观不愿走马观花一样,对好书也是如此。所以面对联经书店的整套陈之藩作品集,我只是远远致意,没有敢亵玩。也许应专门找时间选一套品相好的书,再与这位民国才子神交。

曹教授知道我迷董桥,头一天见面时就表示要送我董桥的新作当礼品,要我报书名,我竟不知该让她送什么。董桥我是真喜欢,对于内地读者来说,当时他的书还似乎是在深闺。时下则已出阁,在两岸三地风尘仆仆,成了大众消费。董桥自己说要在纸质实体书停止出版、数字虚体书普及之前,抢着多留一点书香,故他也乐意各地不停印刷他的作品。所以我也真不知该选哪一本。行前,曹教授递给我牛津出版社精装的《清白家风》《立春前后》和《橄榄香》,都是我书架上没有的,另外还有一听台湾精品红茶。沉甸甸的。

　　十一月中旬的台北街市上,微风拂面,暖意融融,并没有遇上幾米向左向右的冷雨。晚上与几位朋友道别时,飘来的不是橄榄香,不是茶香,竟是幽幽的书香。

（原刊《西安晚报》2012 年 12 月 2 日）

傅　钟

　　甫至南港,颜世铉先生领着先到傅斯年图书馆参观,实际上就是史语所的图书馆,为纪念创所人傅斯年先生而冠名。他介绍说馆内有许多善本珍籍。图书馆大厅入口处,还专辟一室,陈列了许多纪念傅斯年的文物资料。主要有傅斯年已出版的著述,未刊的手稿,与友人往还的书信,各个时期的图

在南港傅斯年图书馆

片和文物。其中傅先生代蔡元培院长所拟致研究员聘书中说:"现在'中央研究院'有历史语言研究所之设置,非取抱残守缺、发挥其所谓国学,实欲以手足之力,取得日新月异之材料,借自然科学付与之工具而从事之,以期新知识之获得。材料不限国别,方术不择地域;既以追前贤成学之盛,亦以分异国造诣之隆。"字面虽谦抑,精神上却透着自信,实即办所宗旨。所谓此虽旧域,其命维新也。

第二天上午在台大活动,我主动问萧教授,傅先生执掌台大一年多,留下哪些遗泽?萧教授先领我到校史馆看史料,然后又去傅园凭吊。傅先生病逝后,台大人为纪念老校长,在学校正门口筑园追思。园中石碑挺立,有亭翼然,傅先生的骨灰即安放于亭中。从此后他与鞠躬尽瘁、死而后已的学术机构就再没有分离开来。

随着萧教授的导引,我们来到古朴的文学院门廊前,她指着对面同样古朴简单的建筑说:那就是傅钟。中间有椰林大道横贯,与文学院隔道遥对。那口铜钟原来由校工专司,后来变为用机械敲击,现在则转为电子自动敲钟。全校每天的起床作息、课间计时,都由雄宏苍老的铜钟来播报。萧教授告诉我,台大钟声只有21响,这源自傅斯年校长所说过的一句话:"一天只有二十一小时,剩下三小时是用来沉思的。"显示出台大人学思并重,正是傅钟精神的余响。

　　　　　　　　　　　　　　课比天大

雨中的傅钟

萧教授还说，有人曾批评台大的学生像椰林大道上的椰树，只想着自己不断挺拔，不断向上发展，很少想到要以浓荫庇护后辈。若真如此，则是对台大精神的一种疏离。看看台大校徽图案，椰树和傅钟两个符号迭加，可见设计者的用心良苦。在我看来，挺拔的椰树与稳健的傅钟，象征着自然与人文、自由与规则，历史与现实、一隅与天下的会同与交融。

从书生的独善其身与立言不朽来衡量，以傅先生的资质与禀赋，本可有更大的名山事业。但他毕生将主要精力用于学术共同体的构建与管理，也以一介书生的身份，对推动现代国家的学术自由、社会民主、政府清廉、体制规范挺身而出，勇于担当。从创办《新潮》，火烧赵家楼，到抨击宋子文，攻倒孔祥熙，再到倡导新史学，创建史语所，再到执掌北大、台大，傅先生既能破旧,又能立新。体制内无人超其胆量,体制外无人有其作用。当时即有"誉满天下,谤满天下"之说,足见是个不断进取的狂狷者。应该说傅先生作了一篇大文章,也填补了一个大空白。既特立独行,又滋兰树蕙,这是对台大校徽所蕴含的微言大义的最好说明。对台大的学子与现代知识分子来说,无论欲经世致用还是守名山事业,傅先生都是楷模。

从傅馆、傅室到傅园和傅钟,也昭示了凡是于民族与文化有所贡献者,后人都会永远铭记的。

那天下午我还有一场专题报告,来不及仔细观摩,只有远远地致意。临别的早上,天空飘洒着孟庭苇歌里的冬雨,萧教授幽默地说天公代她为我送行。我利用行前的空隙,冒雨再次跑到台大,行至傅钟前,肃穆瞻仰,再掬一捧清芬,雨丝也像我对傅先生不觉如缕的意绪。

只此自然

　　萧教授问,来台北想看什么名胜? 我脱口说一直想象素书楼的模样,还没有去过外双溪,常以为憾。于是她和曹教授陪我寻访。

　　素书楼在喧闹的台北显得很幽静。从士林的街道绕过,弯弯曲曲,开车的师傅也不是特别熟悉。车行时直接穿过东

钱穆先生在素书楼授课的影像

吴大学,我原来以为就在校内,后来始知与学校毗邻。

双层小楼,依山而建,庭院洁净如洗。一层是客厅,主人应居住楼上。拾级而上,始觉开阔。站在阳台,极目处是苍茫。窗口有苏州的紫竹,台湾的松树,树影摇曳,仿佛画境;风鸣鸟啼,却是一片天籁。

大陆中生代学人了解钱穆先生比较晚,读他的书更晚。改革开放的第二阶段,两岸三地的学术文化交流逐渐增多。我从《新亚学报》上看到钱先生撰写的关于魏晋南北朝学术文化与门第关系的那篇名文,接着看到余英时的《犹忆风吹水上鳞》,再接着读他的《中国文化史导论》《国史大纲》《八十忆双亲》等。其中《导论》和《大纲》都是先从图书馆看到的。公家的图书不能涂划,于是我特意复印了一套,在复印件上圈点批注,记录心得体会。后来购到商务印书馆的正版书,再后来大陆生活·读书·新知三联书店也陆续推出整套的钱穆作品系列。他的主要著作现在大多都能读到。

从宾四先生书中不仅能获得许多新颖独特的观点,同时可窥学问门径。譬如他说中国典籍的四部表面上能区隔开来,实际上却有千门万户、千丝万缕的联系。施蛰存将其一生倾力的学问称为"四窗":东窗为诗文创作,南窗为古典文学研究,西窗为外国文学翻译与研究,北窗为碑帖收集和研究。四部贯通与四窗洞开,可略见老辈学人胸襟气度之一斑。钱先生一生作育人才,口讲指画是教学,文章著述也颇多示人以轨辙。他嘱咐学人对国史上的人与事须有"温情与敬意"。他一以贯之的倡导与义宁先生反复致意的"了解之同情",秘响旁通。

据说陈水扁做"立委"时,曾与台北市议员一起指控钱先生霸占政府建筑物。钱先生以 96 岁高龄愤然搬离素书楼,不久遽归道山。学界悲恸。陈水扁上台后,曾向钱夫人胡美琦道歉,并将素书楼改为纪念馆。夫人浩叹:"宁为死人办纪念馆,也不给活人住!"

现在素书楼一层仍对外开放,为市民举办公共讲座的活动地点。于钱先生而言,虽然会扰他的安息,但毕竟多属学术文化活动。如果没有这些活动的聒噪,素书楼可能会更孤寂。

20 世纪四五十年代,天地玄黄,政局剧变,知识分子的命运也多受影响。宾四先生从大陆南迁香港,创办新亚书院。最后再迁台岛,选择在外双溪栖息。无锡钱氏中的钱三强、钱学森、钱伟长(不同宗)则从北美返回大陆,也实现了自己的选择。人文知识分子中,傅斯年先行抵台,胡适则在美国客寓了多年始返南港"中研院"。

有人说两岸中国,虽同为龙的传人,但大陆重激进,台湾重保守;大陆重科技,台湾重人文。故蒋先生仓皇出走时,能从容地搬走故宫,也有计划地带走孔子后裔,欲挟此重器以为文化象征,维系人心,反攻大陆。一代斯文,异轨殊途,命途亦多舛,但存巢南首丘之义却大致类似。

宾四先生在素书楼为学生授课讲的两段话传扬极广："其实我授课的目的并不是教学生，而是要招义勇兵，看看有没有人自愿牺牲要为中国文化献身！"钱穆继续说道："数十年孤陋穷饿，于古今学术略有所窥，其得力最深者，莫如宋明儒。虽居乡僻，未尝敢一日废学。虽经乱离困厄，未尝敢一日颓其志。虽或名利当前，未尝敢动其心。虽或毁誉横生，未尝敢馁其气。虽学不足以自成立，未尝或忘先儒之榘，时切其向慕。虽垂老无以自靖献，未尝不于国家民族世道人心，自任以匹夫之有其责。"当时的先生虽目盲老迈，但声音如洪钟大吕，正气凛然。

素书楼客厅

解说词说素书楼由钱夫人亲自设计图样，一草一木，亦多为先生夫妇手植。作为一代大儒，钱先生似乎对后来的遭际与世变早有预见，故留有素书楼题诗曰："一园花树，满屋山川。无得无失，只此自然。"

睡去的呐喊者

　　雾霾中的清晨,早起,坐在书桌前准备开始一天的工作。连续接友人牛宏宝、党昊电话,谓雷抒雁先生去世了。我随即与校办及文学院联系,嘱咐发唁电、送花圈。电话短信联系了一通,事忙完,心情却变坏了,在书房中坐不住,浑浑噩噩,一整天不知是如何打发的。

　　这天是正月初六。公历是西洋的情人节,讣闻里说雷抒雁生于农历七月七日,媒体发挥说雷抒雁生于中国的情人节,卒于西方的情人节。这样的解释多少有些附会。2 月 14 日的所谓情人节,在西方国家的正式称谓是圣瓦伦丁节(Valentine's Day),是为了纪念那位为情人们做主而牺牲的神父,准确地说应该是圣徒瓦伦丁遇难日。

　　2 月 20 日赴京,与王雁玲、段建军、赵强、李鹏等代表学校,表达哀思。晚上专程看望了马利。第二天早起参加遗体告别仪式。司机路不熟,通过导航仪查询,先后有八宝山革命公墓、八宝山人民公墓、八宝山殡仪馆等几个相关链接，司机犯迷糊了，经过反复联系始确定。赶在九点前，我们一行在殡仪馆东侧纪念堂前列队。

广场前围了许多人，远处听到高声喊叫，以为又有人吵架，走近始知是诗歌爱好者在高声朗诵《小草在歌唱》，闻之令人肃然。还有书法家恭录雷抒雁的诗歌长卷，纸幅长达五六米，在甬道边展示。西安春信早，已有迎春花吐蕊。燕地仍寒冷，我们匆忙出发，都没有多添衣。在阴霾中，排队等待仪式开始，身上瑟瑟，心中悲戚。看到前后有上千人络绎不断参与告别，又油然而生感动。更感动的是告别大厅中播放的不是通行版的哀乐，也不是宗教音乐，而是一首悲怆的陕北民歌。准确地说是根据路遥小说《人生》改编成同名电影的插曲《叫一声哥哥你快回来》，算是一首新民歌。在这样的情境中听这样的女高音，凄凄惨惨戚戚，比任何哀乐更能催人泪下。不知是雷抒雁的遗嘱，还是马利的心意？

1979 年夏，是巧合，是误撞，还是冥冥之中的指引？我从《诗刊》上读到《小草在歌唱》，这篇与主旋律完全不同的诗歌，震撼了一代文学青年，也逐渐摇醒了昏睡中的国人。这一年我考入了雷抒雁母校的中文系。遗憾的是，三十多年来，我先后曾向他当年的许多师友请益，也听过许多关于他的掌故，却没有认真研究他。在很多次活动、聚会中，我把他请来做报告开讲座，却没有能进一步走入诗人的精神世界。

回过头来重读他的作品,深感《小草在歌唱》能在当时公开发表,真是一个异数。此后的中国逐渐告别激情,告别革命,告别思想,全国人民昂首阔步行进在奔经济小康的道路上,读书人也急匆匆地行走在奔知识小康的路上。

三十多年来,经济小贩和学术小贩扛着蛇皮袋熙来攘往,气宇轩昂,而呐喊者与思想者在人流中渐行渐远,慢慢地淡出了,看不清身影,也听不清声音,成了大变革时代的模糊背景。所幸社会还算礼敬雷抒雁,让他悠闲地度过中晚年,更多的人是把他当球星、影星、歌星一样的"星"来追逐,而不是把他当时代的洪钟巨响来叩击。

那年夏秋我青春年少,还懵懂昏睡,而雷抒雁却清醒着,激情地大声呐喊。34年后的早春,北国的寒冷已使我清醒,而诗人却永远睡去了。

天地有大美而不言。

旧历年已过,毕竟是春天了,小草不会一直枯萎,远芳晴翠仍会歌吟。按照斯蒂芬·欧文的追忆原理,诗人的同道、后辈也会接续着他的声音,步他的原调,或改编或配器,或独唱或和声,永无休止地呐喊。

呐喊也是一种歌唱。

新三届

想把新三届的那些事扯清楚很不容易。

新三届,顾名思义是与"老三届""老五届"对举,但老三届的概念约定俗成,多已接受。新三届的提法较晚,也很含混,不是所有的人都认可。

说简单一点,新三届仅指恢复高考后的七七级、七八级、七九级三届大学生,之所以冠以"新",还不是为了与老三届的"老"相区别,而是因为他们确实具有历史新时期的显示度,是打倒"四人帮"、结束文革、迈入科学文化春天的一个标志性事件。

全景式地描述新三届大学生的风貌,我根本做不到。我在西大念书期间,与中文系七七、七八、七九级群体厮混了四年,脑海中还残留一些印象碎片,如再不进行抢救式打捞,连这些吉光片羽也飞到爪哇国,再也捕捉不到了。

在我的印象中,包括中文系学生在内的"新三届"大学生很复杂。首先是年龄上,应届毕业生仅十六七岁(因为文革期间学制小学仅五年、初高中各两年,与文革后的学制相比,省出了三年时间),年龄最小的十五六岁,最大的二十六七,也有三十多岁的。各地都有类似的传说,谓同班同学中,年龄最大的男同学使坏,忽悠着让班上最小的女同学管他叫叔。最典型的桥段是,傻乎乎的小同学问这些老男人年龄,他们卖弄着说,搁在解放前,跟他说话的小同学绝不会是他们生出的第一个孩子。大同学占足了便宜,志得意满地扬长而去,小女生还站在原地,扳着指头计算解放前与解放后初婚年龄之差。

复杂性更表现在阅历上。应届毕业生几乎单纯如一张白纸,而文革前的老三届、老五届学生,史无前例地经历了当红卫兵、大串连、武斗、上山下乡、招工回城或扎根农村等一连串经历,每人都是一部大书,都是一本活字典,都有一本血泪账。

复杂性还表现在他们的思想上。文革中的学生本来就有拥护走资派、保皇派、造反派的差别,造反派也不是铁板一块,而是山头林立,派系甚多。这些根源性的思想也被他们带入了新时期的大学校园。再加上红二代、知二代、农二代与城市小业主、城市小市民家庭出身者相处,举手投足间,各人把各自出身的家庭与阶层特征暴露得淋漓尽致。自卑者是不经意地露出,优越者则是故意显摆。七七级冯筱梅的小说《农民党》从一个侧面把新三届大学生的众生相反映了出来。班级讨论会上、午餐聚会上、节日文体活动中或闲聊中的所见所闻,竟比我从中外小说《红楼梦》《人间喜剧》中获得的还要多,还要鲜活,也比某些老师念讲义的课程还要精彩。

新三届具有整体性,七七级、七八级、七九级的区别只是相对的。这倒不是七九级的小同学要攀附七七级、七八级的大同学,而是因当时招生政策的特殊性,使得同为老三届知青的一部分人,在七七年高考中政审未通过,拖到七八、七九年。而七七级与七八级同学的入学只有半年之差,入学都是七八年,毕业都是八二年。这样一来,部分老三届学生虽年龄老大、满腹经纶,但不得不"屈就"在七八、七九甚至八〇级。也有部分人因考试一分两分之差名落孙山后,在七八、七九年再战场屋,终于如愿以偿,来到当年同伴所在学校和专业,但已无法编在同一个班了。故这三个年级的来源成分中你中有我,我中有你。按照年级横向切,真不容易。比如七七级的方兢与七九级的周建国、王达生,本来就是发小,又在同一个县插队,他们比同班同学关系还要近几分。

按照地域来源纵向切,可能更能看出一些特色来。如北京知青、陕北人(又有榆林、延安之别)、陕南人(汉中、安康、商洛间也有差别,尤以商洛人数较多,又活跃,被谑称为"南山狼"),关中道是学生来源的基础区域,特别是到了七九级,关中来源的同学几乎占了一大半。金周至银户县,刁蒲城野渭南,不讲 Li 的大荔县(Li 对应的究竟是理、里、礼哪一个汉字?我当时不知道,现在也还没弄清楚)。当然蓝田、河阳也有美称,子洲、子长、榆林也有笑话。各地不仅风俗不同,连发音用词也有差别。同样一句"下河耍水上树逮老鼠",关中的西府、东府和长安附近人发音竟不同,大家喜欢夸大对方发音的一些特点,来耍戏对方。陕北老乡间嘲笑子长人问话:"你洗(死)不洗(死)?你不洗(死)我洗(死)。"一方面反映了当地干旱缺水,另一方面也挖苦因发音相近,而生歧义。当时并不知土气的陕北方音中保留着中古语音的资料,方音的"洗"(s)是中古精组字,普通话的"洗"(x)则来自中古的见组字。明白这个原理是后来听了杨春霖老师讲《现代汉语》,讲《音韵学》,才对藏在方音中的古代语音活化石肃然起敬。通过这些戏谑的称谓、夸张的发音,一方面稀释了年级和班级,凝聚并板结了地域感,另一方面也成为我后来研究中古地域文学和文学地理学这一志趣最早的灵感。"五方杂厝,风俗不淳"不仅是举国和举天下的特点,仅小小的三秦、窄窄的关中、陕北,竟也体现得这样的充分。"五里不同风,十里不同俗"的民俗学原理,我很早就找到了地理志的依据。

当时还有一个印象,七八级、七九级的小男生(包括我自己)喜欢找七七级同学套近乎,因为他们博学多识;而七七级的男生喜欢忽悠七九级的小女生,因为她们清纯可爱。我还记得第一次听沈宁用英文演唱《友谊地久天长》,洋腔洋调,感觉很特别。也记得王晓安能即兴背出应景的唐诗,几十年后繁忙的政务之余,他仍能不时秀一下超群的记忆力,让我这个科班教古典文学的教授充满了羡慕嫉妒恨。大同学经常撩拨小女生，却没有真正与她们谈婚论嫁，导致七九级美女最多，肥水流在自家田的却最少。

我对北京知青及后来新三届中北京籍同学的好感则来源于另外一次经历。1976年的夏秋之交，我随县文工团到安塞、延安、志丹一线演出。车刚抵志丹，便传出延安遭遇百年未遇的洪水。志丹僻静，烈士公园清幽，我每天在这里偷闲画画写生，经常见四五个说京腔的年轻人早上各自读外语，晚上聚首汇报读书心得，分析国际形势，畅谈襟抱理想。他们的异样言行、另类思想，如洪钟巨响，惊醒我这个梦中人，使闭目塞听的小城青年，从自己的就业苦恼中跳脱出来，不再满足于做一个走乡串巷的小画匠了。

新三届既是新时期通过高考录取走进大学校门的开端，又是红卫兵经过上山下乡接受群众再教育、步入大学接受臭老九教育的末班车。八一年、八二年之后，童颜与白发并居寝室、昔日中学师生而今同窗学习的景观越来越少。过渡性还表现在，与后来的80、90后大学生相比，从思想上说，其实新三届的思想并不新，一半是十七年教育的熏染，一半是文革十年的淬炼，上大学多已二十郎当三十好几，思想已基本定型。从知识论上接受新知还比较容易，但从价值论上要否定旧时代很难。

即就知识与技能而言，我自己与七九级大部分同学是从许国璋《英语》第一册入手恶补外语的,儿子李陶然他们80、90后,上高中时已考完了大学英语六级,不能不让我英雄气短。至于考艺术类的上大学才开始吊嗓子,练折腰劈步,写永字八法,虽可能因有灵气有所成就,但打基础、练童子功的最好时光都已错失。

时代的过山车呼啸着驰骋而过,我们侥幸挤上了这趟高考末班车,但与后来训练完备、因循而上的70、80、90后相比,在心存感激之余,还应该知道自己先天不足,后天也不足。

新三届中还有一件被人们戏称为"二度插队"的艳事,即文革中的"土插队",与大学毕业后的"洋插队"。沈宁、赵晓丽、王迪生、孙东明是捷足先登者,陈瑞琳、秦伟、郭振乾是积极响应者。总体来看,中文新三届中洋插队的并不特别多,在境外扎下根,希图解放另外三分之二劳苦大众者更少,至于在他国学术教育文化圈中跻身上流者则寥若晨星。那些年学理工、学外语的新三届结伴杀出去,很快适应另一文化氛围,在"洋"阳光雨露下茁壮成长起来,但他们身在曹营心在汉,每依北斗望京华。彼邦好山好水好寂寞,哪如家乡好脏好乱好快活? 当年洋插队的海龟们,耐不住番邦的寂寞,又开始策划另一轮轰轰烈烈的返城(返乡)运动。万里家国的广阔天地,大有作为,他们盘算着再一番呼风唤雨,引领风骚。

整体上看,新三届已进入了他们人生的极盛时期,在政界、军界、商界、业界均有不俗的表现,有中文背景的新三届不擅庶务琐务,在一些清闲甚至清要的岗位上也有突出的业绩。

黄鸡唱晓,岁月不饶人,新三届从年龄上也正逐渐整体上逼近法定的退休期。现代人寿数增加了,六十岁被视作人生第二春,退而不休,老当益壮。在精神放松的状态下,他们是否还会弄出人生的一些更大的响动,也未可知。

从中国管理层来看,现在据说是后红卫兵时代的人成为了弄潮儿,新三届还未整体地推到历史的风口浪尖上,他们仍有很大的上升空间,也可以说他们还有很大的未定性。

就西大的新三届来说,迄今还没有走出自己的王岐山。以中文系的新三届来说,也还没有自己的雷抒雁、贾平凹(高年级同学),更没有自己的张西堂、傅庚生、刘持生、郝御风(老师辈),甚至没有自己的叶舒宪、尤西林、尚永亮、邢向东(陕西师大七七级同学)。所以新三届还不该吃老本,更不要急着说青春无悔。

路漫漫其修远兮,个人的肉体生命、修行境界,民族的复兴大业,普天下劳苦大众的翻身解放,都任重道远,新三届不能气馁,更不能撒手而去。打起精神,开始你自己新长征路上的摇滚吧。

一二三四,……

(2013 年 10 月 28 日改于台中西屯区)

逢甲夜市

我原定客座逢甲大学一学期,朋友们关心地询问:"饮食怎么解决?"我答:"以逢甲夜市为厨房。"夜市在各种台中旅游观光手册中都有介绍,宣传的结果让人大跌眼镜,造成本末倒置,现在夜市竟然比学校还有名,朋友们对夜市比我知道的还多,而关于学校,则要费口舌解释半天。其中的饕餮之徒欣然而生向往之意,说我真有口福,能天天吃美食。殊不知,我有苦难言。

我一直以为,我们的皮囊不过是载灵魂运思想的机动车,食品是燃料,饮品是润滑剂。车手们都知道,油料的品牌型号天天变,对机车没有什么好处。人体亦然。偶而外出聚餐是享受,一日三餐换厨房外出解决,与托钵乞食者无异,并不利于养生健康。

夜市前冠以逢甲的名字,自然与逢甲大学这所知名学校有关。当然邻近还有侨光科技大学、西苑高中、汉翔公司等,数万名学生、教师和职工的饮食是一种极大的商业需求,于是贴近逢甲校墙的窄窄的文华路,便雨后春笋般长出密匝匝的餐馆,鳞次栉比,好像是美食大赛上的排队比拼。再向外辐射,第二个圈子就推展到了福星路,联结上南北两侧的河南路和西安街,把逢甲大学三边包围起来,即使你不是饕餮之徒,也抵挡不住这层层包围的诱惑。

夜市以快餐和便当为主,自然有各种小吃,各地风味,各国饮食,如印度的咖喱饭,韩国的泡菜、石锅拌饭,日本的寿司、刺身。还有泰国、菲律宾的风味小吃,以及各国主题餐厅,如比萨斜塔、格子是意大利风味,小竹屋、三亩田是日式主题,大体上都是以学校师生和青少年为主要消费群。夜市区馆子的店面多不大,价格也便宜,且整洁干净,服务态度很好。长身体的学生胃口大,故菜单上有正常量和加大量两种类型,很多店特意标出可以免费添加主食,很能吸引小资成堆的学生和教职工。

逢甲西门外出五十米,路边店做一种“大肠包小肠”的小吃,连排三家互相打擂,从西向东一溜儿排列,分别是:官芝霖创始店、官芝霖膳工房逢甲店、官芝霖逢甲二店。据说早期三家曾为商标品牌对簿上诉,最后还是和气生财,各做各的生意,倒也相安无事。不过三家鼎立,自然形成了竞争。我多次途经观察,有一家店任何时候都有客源,另一家也有人排队,晚上客流高峰期,三家店都是人头攒动,排队如长龙,煞是热闹。学生怂恿我，很好吃，口味很特别。但往往是，我晚上散步经过时人太多，早上经过时又还没有开张，错过了多次，最后也没有了兴趣，一直到离开逢甲也没有品尝一口。

夜市营业到凌晨，很晚才打烊。所以早晨基本没有人，门店也多不开。印象中最早是从上午 11:30 开始营业，还有些是下午 3:00 才开门。早晨从中午开始，饭食也就有一种叫"早午饭"（brunch）。我一般工作日在校内餐厅吃自助餐，周末校内餐厅不营业，只得跑到河南路一家自助餐厅。晚上喜欢到河南路的一家永和春秋豆浆店，有伙计见我常常来，成了熟客，热豆浆给我盛得满满的，无糖，有豆香，再加一份米粉，没有肉末，40 新台币，加肉末拢共也才 45 台币，挺实惠。偶尔也去几家粥店，尝过好几次打铁豆花，也吃过烧番麦（烤玉米）、烧仙草，如此而已。朋友们闻此纷纷指责我，胃口单调人无聊，浪费了机遇，也辜负了夜市的美名。

其实夜市的历史并不长，红火起来也就十多年。台中发展观光产业，随着两岸自由行的开放，陆客来台激增。当地政府与商家抓住这一机遇，顺势打造，无论是交通路线，还是店铺装修、标识设计，都围绕着夜市的主题，形成了一个"逢甲商圈"。逢甲路、逢大路两条道路与学校有关，附近的许多店铺、行业也多与夜市和学校有关。比如众多的停车场就是为方便观光客的，打印复印、洗衣、售光碟等都是围绕学生的。上万常驻的学生，与超过十万流动的观光客，也拉动了周边房地产,在逢大路、西安街一直到汉翔路,矗立起一排排新的公寓楼和写字楼,与低矮拥挤的夜市区形成了鲜明对照,隐约是另一种新景观。

从逢甲校园向东眺望,一片苍茫的开阔地,据说是待开发的水湳经贸特区园,逢甲大学也在毗邻的园区买了地,准备扩展校区。前几天,我徒步快行一个多小时,绕园区走了一大圈,印象很深。目前拆迁基本完成,道路正在修通,工地上热气腾腾,施工繁忙,仿佛内地的某开发区。这种建设模式不知是大陆学台湾,还是台湾学大陆,抑或是台海两岸都在赶学欧美?

由几爿小吃店汇成夜市,由夜市辐射成商圈,又由逢甲、侨光、航空研究所、汉翔公司形成科技文教圈,再以这些为由头打造更宏大的水湳经贸园区,草图既出,雏型已现,周遭飙升的房价已兆园区未来的兴旺,将来的夜市大概也会更热闹。只是不知道,台中的那份悠闲、和煦的平民气味是否还能延续下来?

(2014 年 1 月 4 日改于西安,原刊《光明日报》2014 年 5 月 30 日)

"桂冠文学家"

　　去年访台时游诚品书店,对着排列整齐的全套陈之藩作品集远远行注目礼,但当时没有打算阅读。今秋再登台岛,在台中逢甲大学客座几个月,每周三次课后,时间全归自己支配,于是可以较细致地把玩陈之藩了。

　　陈之藩的各种简历中都提到他从北洋大学电机系毕业,和曾任台糖公司总经理的雷宝华攀认老同学,不过雷是比他早三十多年的北洋大学毕业生。我因关注西北联大校史,知道 1937 年 8 月民国政府教育部将北平大学、北平师范大学、北洋大学三校西迁西安,组成西安临时大学,不久又南迁汉中城固,改称西北联合大学。与北京大学、清华大学、南开大学南迁长沙始称长沙临时大学,再迁昆明称西南联合大学,两个"临大"和两个"联大"的迁徙,教育部用的都是同一个"红头文件"。

　　读《把酒论诗——悼雷宝华先生》一文时,脑中闪现过一个疑问,也在书眉上做过批注:陈先生与西北联大是否有联系? 如有联系,该是怎样的因缘呢? 如无联系,他要么是抗战爆发前在天津读北洋大学,要么是抗战结束后北洋大学复员回津门后始入学?

久做文史考据,遇到这样的疑窦,心里痒痒的,考据瘾又犯了。可惜我对现代大学教育史并不熟悉,对陈之藩的生平事迹也知之甚少。仅仅是因被他的部分文字吸引,阅读的量其实并不大。未必能找到这层联系,于是又有些气馁。

无巧不成书,当我读到《日记一则》,现成的材料跳到我的眼前了。陈先生记他与杨振宁见面,说杨从欧洲抵港,他从美国抵台,又从台至港,两人仅仅是为当面讨论狄拉克的单冲函数(block pulse function),更多的是陈征询杨的看法。两个科学家跨洲涉洋,仅仅为一个科学问题的面谈而反复邀约,让我心驰意往,对这样迹近魏晋名士的嘉会增加了不少神往(后来我还推想,他们把会面的地点定在香港是否与陈先生在香港中文大学任职,以及他的另一半童元方也在中大有关? 这已是另一篇文章的题目了,此略)。

这样一件琐事,陈之藩采用日记形式,洋洋洒洒写了十多页,是他作品中篇幅较长的。两位老人在谈话时说及青少年的往事,陈之藩的笔锋变幻着,今昔两条线并进,现实的记录与历史的回忆交叉变化,遂使一则日记摇曳生姿。其中写他高中毕业从沦陷区北京逃出,拟奔向自由区重庆。由河南入陕,在凤翔参加了半年军训,由秦岭南下,到了汉中的留侯祠。

最后是在距刘备称王的汉中并不太远的古路坝,我考入了与西南联大遥遥相对的西北联大的工学院,又称为西北工学院的电机系。在古路坝的西北工学院一年,抗战就胜利了。在狂歌乱舞中,唱着杜甫的"剑外忽传收蓟北,初闻涕泪满衣裳",复员到天津。去后方与回天津,差不多走的路线同而方向相反,很像做了场梦,醒来时已在西堤的北洋大学了。

这段自述虽简略,但还算线条清晰,由抗战胜利的 1945 年朝前推一年,那么陈先生最迟应是 1944 年到城固古路坝的。这时的西北联大已一花分五叶,分立为国立西北大学、国立西北工学院、国立西北农学院、国立西北医学院、国立西北师范学院等,但因有联大的血缘,距离又近,教师互聘,学生互相选课,剪不断理还乱,丝丝蔓蔓还都是联大的余绪。陈先生的记忆与叙述无大错。后西北工学院复员回津门,恢复原北洋大学之名,陈是在天津毕业的,在简历中说是毕业于北洋大学并没有什么问题。

　　陈之藩后来又赴美国宾夕法尼亚大学攻读硕士,赴英国剑桥大学攻读博士。曾先后任美国普林斯顿大学副研究员、休斯顿大学教授、麻省理工学院客座科学家、香港中文大学讲座教授及系主任。著有电机工程论文百余篇,《系统导论》及《人工智慧语言》专书两册。这些都是他专业领域内的成就,在华人科学家中应算翘楚。

他与一般留洋的理工专家最大的不同是,立身在科技领域,心里却为文学保留了一席之地。因系心文学,故执意要在科学与文学之间拉一条红丝线:"科学界的研究科学,与诗人踏雪寻梅的觅句差不太多。"他纪念胡适的文字让人陶醉:"并不是我偏爱他,没有人不爱春风的,没有人在春风中不陶醉的。"(《在春风里》)他先后著有《大学时代给胡适的信》《蔚蓝的天》《旅美小简》《在春风里》《剑河倒影》《一星如月》《时空之海》《散步》《看云听雨》《思与花开》等。前两年内地也曾出过他的作品集。2012年去世,故去年他的作品又被读书界关注,多家出版社结辑推出多种版本。他曾获选剑桥大学艾德学院院士、英国电机学会院士。2007年获颁台湾元智大学"桂冠文学家"称号,去世后在台湾朝野引起了一阵缅怀和纪念的热潮,马英九以陈的作品兼具文理,感动人心,亲自在成功大学怀念会上颁发褒扬令。

如果说梁实秋是一边翻译一边创作,齐邦媛是一边教书一边创作,台静农是一边文学著述一边书画创作,而皆臻于极境。也可说陈之藩是一手搞工程研究,一手搞散文创作,两手抓,两手都过硬,都走到该领域的前沿。特别是陈先生所推进的这两个领域,习惯上被认为是风马牛不相及,他却能让左右脑放电,左右手同时开弓。我们除了羡慕他的天赋外,更应钦佩他的扎实苦干。

岁寒心

　　《文学遗产》迎来了六十华诞，约略算一下，我与《文学遗产》的往来也有三十多年了，大概分为三个阶段：读者、作者和编委。下面按这个顺序简单回忆一下我心中的《文学遗产》。

　　一

　　最早看到的《文学遗产》，是在《光明日报》周刊上，很长时间并不知道周刊栏目与后来的刊物是什么关系，但当时通过周刊确实读过不少好文章。大概学文学的都有类似的不良阅读习惯，总觉得报纸特别是大报的头版太正经、太严肃，而一些专版、副刊则比较活泼。所以，拿到一叠报纸，总会直接"跳"到专刊上。我最早读安旗老师关于李白的文章，也是通过周刊读的，她的《简论李白及其诗》就刊在《文学遗产》专刊的复刊号上。那一段时间古代文学研究界非常活跃，关于边塞诗的性质与史实问题，关于白居易及新乐府诗是否有过一场"运动",李白几入长安及《蜀道难》诗的主旨等等,都有过持续的讨论,形成了不断的"热点",学界对这些讨论都很关注,有很多人参与并发表了见解,一般读者和大众也饶有兴致地细读每篇文章。我读后仍不满足,把刊载文章的那些版面剪下来,粘贴在自己的剪辑本上,随时翻阅,慢慢消化。

刊物复刊并公开发行的时间,刚好与我开始学术生涯的时间很接近。1979年我考入西北大学念中文系,1980年刊物以季刊的形式复刊。我最早在图书馆看到这份装帧素朴的杂志,浏览自己喜欢的文章,后来发现好文章太多,拿起就放不下了。在旧书摊淘书时,遇到别人阅过的单本杂志,我总是把它们收集起来,希望能凑齐。很多年来,学校的居住环境不断变化,从学生宿舍、单身职工宿舍到单元房,再到有自己独立的书房,虽说居住空间在不断扩大,但仍赶不上书籍增加的速度。故每次搬家,对书刊总要整理一次,淘汰筛除一批,选留一部分,《文学遗产》是我不断筛选保留下的极少数精品。近十多年来,除个人买书外,师友们赠送的书刊也是补充我书房的一个来源。朋友所赠包括自己买的,凡与专业关系不太密切的,阅后就要"割爱",转赠给学生,以便让这些宝贝在不断流通中能发挥更多的作用,也给我的书房腾出一点空间,但唯独舍不得把《文学遗产》送人。我就像那吝啬鬼葛朗台一样,过一段时间总要利用空闲,把书架上偏爱的书刊搬下来拂掉积尘,抚摸半天,磨磨蹭蹭,再搬上去放好藏好。

现在想起来,留在记忆中的很多文章是从《文学遗产》杂志上读到的。比如王蒙先生关于李商隐研究的大作《混沌的心灵场》,裴斐先生评述李白研究相关现象的文章,傅璇琮先生关于唐代翰林研究的文章,王水照先生关于宋代文学,章培恒先生关于明代文学的文章,袁行霈、董乃斌、陈伯海等先生关于重写文学史、古代文学宏观与微观研究、古代文学研究新方法等的笔谈,莫砺锋、陈尚君、赵昌平、吴承学等关于断代文学的笔谈,等等。对于蒋寅兄、王兆鹏兄、钱志熙兄、潘建国兄的勤勉,我也是通过他们在刊物上不断推出新成果才得到确认。

二

我最初仅仅想做一名刊物的忠实读者,但在阅读过程中,也不时技痒,先后写过几篇文章,陆续在刊物上发表。特别是关于李白作品中的禽鸟意象、唐代关中文学群体、唐代文学士族迁徙流动等几篇文章。刊物曾设过博士新人谱专栏,也介绍过我关于唐代关中士族与文学的成果。写作时还很年轻,思想和文字都稚拙,唯一的长处是还算认真踏实。其中要感谢陶文鹏、李伊白、戴燕、刘跃进、竺青、张剑诸位师友。尤其是陶文鹏老师,年轻时才华横溢,抱负很大,有过一些轰轰烈烈。在《文学遗产》做编辑到主持工作这一段,对年轻的作者既热情洋溢地鼓励,又毫不留情面地批评,在看稿时则心细如发,能找到作者的认识盲点和材料缺陷,故所提意见作者很服气。他对撰稿者前后几年在文气、文风上的变化也能细心体察分辨,认真指出。仔细聆听他的口讲指划,对一个研究者的成长帮助很大。

我的老师霍松林先生在四十五周年刊庆时说他是《文学遗产》培养出的作者。由于我的慵懒,在杂志上刊发的文章并不多,水平也并不是特别高,但我对刊物的那份感激之情却一点也不输老辈学人。

尤其令人欣喜的是,近几年在刊物上经常看到比我更年轻的学术群体齐茬地冒出来,其中还有多位是我曾经给上过课的。编辑部在这方面也接续上了传统。据文献记载,20世纪50年代初,李希凡、蓝翎那篇蜚声中外的大作,就是经老主编陈翔鹤先生签字,并建议在周刊上提前发表。虽然这篇文章后经最高领导阅批,酿成一件大事,使《红楼梦》研究从纯粹学术争鸣演变为一项重大政治事件。但抛开这些,可以看出编辑部同仁对年轻学人的推挽引掖,如恐不及,是由来已久的。

三

2011年春天,我忽然收到编辑部的一个急件,说编委会换届,我被推荐为新一届编委,征询我的意见。甫接信,我感到很突然,事先并没有任何人给我说过,也没有任何人暗示,所以我感到诚惶诚恐,惭愧万分。试想想,放眼全国,从事古代文学研究成绩突出者不知凡几,就是成就卓越者也大有人在,我自忖何德何能,凭什么忝列编委?但又想或许新一届编委会要平衡各个方面,特别是要考虑地区、年龄、研究方向等等,不一定与研究水平挂钩。如参加编委会工作,至少能经常与各地的同道以文会友,请益交流,使自己多闻且充实,故欣然接受。在此后的每次编委会活动中,我都尽量排除干扰,争取参加,在会上也能畅所欲言,献上自己的一些粗浅见解和建议。

《文学遗产》走过的这六十年,恰逢中国当代社会持续发生重大变迁,革故鼎新,天翻地覆。这其间或红旗飘飘,或风雨苍黄,或浮躁亢奋,或寂寞冷落,时势主宰着一切,当然也影响并左右着刊物,同时影响并改变着学人和学术。但纵使时代大潮鼓荡,却有一本小杂志不激不随,不偏不倚,涵养商量,返本开新,不仅大节不亏,而且能引领古代文学研究,为中国当代学术在世界上争得体面,也让我们看到明天的希望。

在创刊四十周年庆典时,著名学者匡亚明先生给刊物的题词是:"岂不罹凝寒,松柏有本心。"这是引自建安七子之一刘桢《赠从弟》诗,以物比德,赞美从弟。我联想起了唐诗中类似的诗思,如陈子昂《感遇三十八首》其二:"岁华尽摇落,芳意竟何成?"这是从反面感叹众芳芜秽,美人迟暮。张九龄《感遇十二首》其一:"草木有本心,何求美人折?"这是对刘桢坚定表达的一种回应。同人《感遇十二首》其七:"岂伊地气暖?自有岁寒心。"这是刘桢诗意的唐代版本,均深得我心。诗骚传统就是以这样不断追忆的方式,在历史演播厅中被展开,被再现,被变奏,这样的回声可以刺破坚硬的铁幕,可以穿越浩渺的时空。我借过来题赠给六十华诞的《文学遗产》,并化用作我这篇短文的题目。

(2014 年 2 月 28 日草成)

广大而精微

——王水照师印象记

第一次见到水照师应是 1998 年在贵阳花溪,我参加唐代文学学会的年会,会议间歇曾将自己的一册小书呈给水照老师。印象中的老师清癯而随和,所谓"望之俨然,即之也温",在老师身上看不出端出来的架子,所以我也很放松。会后回西安,还收到老师的一封短笺,清秀的字迹,对拙著多有肯定,让我感动。

最近一次见到老师是 2013 年初夏,复旦中文系组织活动,庆祝水照师八十华诞,王门弟子已有一百多人,此次从海内外闻声响应、影从而来者有六十多位,有带着配偶的,也有带着孩子的,络绎不断,像是参加一个盛大的嘉年华。在美丽的复旦校园,再次见到老师,清癯随和人依旧。庆祝会上,看不到绚烂,看不到豪华,看到的是欢聚的济济一堂,看到的是师生话旧情浓烈。我还应邀在会上致辞祝寿。大家在会上情发乎衷,畅所欲言,讲得都很精彩。我不善即兴表达,总觉得自己讲得不好。现在稍从容了,但又没有了当时的现场气氛,只能把芜杂的感受稍加归拢。我印象中的水照老师,于己散淡,于人宽容,于学术则不断精进。下面就沿着这三端稍微做些回忆。

一

水照师曾说自己的学术道路和生活道路"较为平顺",与20世纪经历曲折的师友们相比,这固然是事实。但另一方面,与那些"舍得一身剐"、爱开顶风船、要主沉浮、永远壮怀激烈的"壮士"们相比,水照师定位自己是"也无风雨也无晴"的知识人,他对生活的所求极低,无论是寓所、穿戴,还是子女的发展,都没有刻意的追求。对待各种名利,他也都能看得很淡。我们在老师的学术履历表上,主要看到的是一系列著作和一长串论文列表。从北大读书到社科院工作再到复旦执教,老师成名早却又很散淡,学术影响很大却又很简单。宋学先生们多喜说道理,老师闭口不谈大话,但他的践行和坚持却也能让我们后学者悟出一些什么。

二

水照师对朋友和学生相当宽容。胡适之先生曾说:"容忍比自由更重要。"我开始并不理解,也不完全赞同,随着年龄增

　　　　　　　　　　　　　　课比天大

长,特别随侍水照师时间长了,才逐渐领悟,诚哉斯言。

20 世纪后半叶,中国社会变革剧烈,反右、四清、文革、清污、反自由化,政治运动接连不断,学人们过分执着、过分激进、过分虔诚,都会陷入到具体的纷争中,有些是迫不得已的"规定动作",但也有些是"自选动作",于是每个机构都会或多或少有些矛盾。水照师从北大读书、社科院治学到复旦执教,都不屑介入这些无谓的"斗争"与说不明道不清的"矛盾"中。他能体谅待人,宽以接物,故在学界享有崇高的地位。有时某些学术机构的不情之请,导致他杂事丛脞,忙碌异常,但水照师也能体谅别人,尽力而为做些公益,帮助别人。

我是半路出家忝列王门的。水照师不以我迟钝,始终循循善诱,引导我走入学术的向上之路。自己虽说做得并不好,但在水照师的不断启发下,对学术境界的广大精微还能有些粗浅理解。

1999 年秋,机缘凑巧,我到复旦随水照师作博士后研究,当时已届中年,但读书、工作一直未脱离陕西,虽然对关陕文化有较深入的体验,但不能跳脱出来,格局不大。于是希望能南下,在沪上申请了两个单位,最后决定选择复旦,因为我是在职做博士后,期间又还有一年在境外,故出站报告完成得并不满意,但水照师不断鼓励,还推荐我申请国家博士后基金,在出站报告的审查意见和出版序言中也尽拣好话说,多处肯定我的开拓。还委婉地希望我能不断努力,再有新作问世。

我还被推荐为复旦大学首届优秀博士后,学校曾专门从上海派人到西安采访,将我的学术经历编入《复旦博士后风采》一书中。惭愧的是,我当时已身兼一些院系管理工作,这几年越陷越深,又在学校做些管理琐务。行政误人,我深知自己距离老师的期待越来越远,羞于向老师诉说自己的俗务和苦恼,与老师的联系也越来越少。但老师还记挂着远在西北的学生,每有新著必寄我一册。特别是去年为一学术机构推荐成员,老师还专门嘱体健兄寄来表格,要我填写,令我既感动又惭愧。

想来老师是以此鼓励"落后"学生,期待我能早点抛开庶务,全力于学术,趁着身体还康强,多做点实事。迷途知返,我会回应老师的期待的。

三

水照师在生活上散淡,待人也宽容,但对自己的名山事业,则有很高的要求。从北大、中国社科院到复旦,从文学史编写、唐宋诗文研究到标举新宋学,从内藤湖南命题、陈寅恪宋代观到钱钟书手稿董理,从苏东坡研究、历代文话辑录到文章学的倡导,我们可以看到水照师逐渐拓展又不断深化的学术轨迹。尤为重要的是,他不仅是一个勤勉的学者,而且也像一个胸有韬略的将帅,从游击战打到阵地战,再打到运动战,最后获致某一领域大战役的全局胜利。

如果说名山事业还仅仅主要是他一个人的战争，那么对唐宋文学研究生的着力培养，则体现了他对学术团队建设的高瞻远瞩。经过几十年的精心培育，随老师读书的，除了留在复旦的查屏球、朱刚、聂安福、侯体健、赵冬梅等外，还有分散在四面八方的高克勤、吕肖奂、杨庆存、张海鸥、吴河清、罗立刚、王友胜、刘航、陈元锋、崔铭、侯长生、田苗等。与别的学人稍有不同的是，水照师的学生还有一个阵容强大的"海外兵团"，在澳洲有赵晓岚，在美国有蒋旻旸，在日本有内山精也、保刈佳昭，在韩国有柳基荣、林俊相、金甫暻等，在马来西亚有陈湘琳、林卿卿，在香港有严宇乐等。水照师曾在日本东京大学执教多年，从学者很多，他曾将日本从事宋代文学研究的成果编为《日本宋学研究六人集》，提醒内地的学人不要小觑日本宋代研究的堂堂阵容。

经过水照师的精心策划和经营，使复旦大学中文系继文论研究、唐代研究、明代研究之后，又崛起了一个宋代研究团队，新近推出的复旦宋代文学研究丛书，已让我们略窥其中一斑。在全国的断代文学研究中，宋代研究也是后来居上。据陶文鹏先生统计，无论参与人数，论文著作数量还是学术视野的突破，学术空白的填补，宋代研究丝毫不输唐代，而且从未来发展趋势上可能要超过唐代。水照师以他个人的学术精进为底垫，进而推动整个宋代研究的风生水起，波澜壮阔。史家陈寅恪所谓华夏民族之文化"造极于赵宋之世"，搁在 30 年以前理解,似乎还困惑,但经过水照师及宋代研究几代学人们的共同努力,我们已略可仿佛其境了。

在我看来,于己散淡,尚真朴求简单;待人宽厚,示方便存容忍;于学术则精进,致广大而尽精微。道家处己的散淡,佛家待人的和气,儒家事功的精进,一般人难臻其境,水照师则集其大成。故水照师不仅有现代一流学者的等身著述和卓越成就,而且有古代通儒的大襟怀大气象。

(2014 年 4 月 14 日草成)

附

录

"对文化之真诚与承诺"

——关于李浩散文的一种理解

王 尧

　　我对文章传统可能在我们这一代人笔下的疲弱甚至中断感到忧虑,以为这是中国文化的危机之一。危机形成的原因,不完全是现代学术体制对学者的限制,显然与学者自身知性与感性的失衡、襟怀与人格的萎缩等有很大关系。遥想当年,现代时期的许多学者都堪称文章大家,吾辈相形见绌。内心的贫乏和思想的格式化正在给越来越多的领域以深刻影响,这是我们这些被称为学者的人在今天所面临的挑战。而写作,那种遵从自己内心世界的写作,则是克服危机的方式之一。因而,对那些在学术之余,仍然倾心散文随笔写作并用独特的方式表达自己对世界与人生之理解的学界同仁,我一直怀有敬意。

　　李浩兄是我说的这些学界同仁之一。他这些年来,在繁重的教学科研之余,倾心散文随笔写作,保持着思想的活力与文字的生气,赢得了同行的尊重和好评。在某种意义上说,散文随笔写作的意义首先不在辞章技巧的价值,而在于以散文随笔为载体,呈现写作者内心世界的丰富性和复杂性,正是这样的呈现,让我们领略了人性在历史和当下的沉浮,并为我们观照和认识人与世界提供了一种参照。我熟悉的几位西安朋友,国平、穆涛、克敬、乐生等都曾著文评介李浩兄。乐生说李浩的文字,是"学养垫底的文字";穆涛以为李浩的文章在"经验之外",且有"高见";国平说"李浩的散文写作是一种学人写作,也是一种贯穿着知识分子精神的写作";我不熟识的散文家黄海从李浩"干瘦的写实"中读到了"辽阔和空空荡荡","他严谨的写作在伸张他人生的智慧、尊严和美德,在我看来,他其实捍卫的是独立判断在个人生活中的价值"。这些论述,几乎都抵达了李浩散文随笔的深处,可为我们读李浩散文随笔之参考。

李浩兄治中国古典文学,在唐代文学研究领域成就斐然。我的注意力在当代,有时因文学活动往西安,与李浩兄偶尔晤面,引为知己。李浩兄的儒雅与沉潜,似乎和他的专业以及生活的城市有关。苏州和西安都说是古城,在西安一脚踩下去可能都是文物,在苏州跨出去一步可能就踩到园林的门槛,城市的历史、文化和人的性格于是有了厚重与轻灵之分。我有时片面地认为,西北朋友的文章比江南朋友的文章要沉甸甸些,此说虽然有地理决定论的嫌疑,但区域文化对写作的影响

　　　　　　　　　　　课比天大

几乎是与生俱来的。李浩在历史和现实的时空中,既浸淫故纸堆,又难免入世情怀,"行水看云",不禁"怅望古今"。这就有了李浩兄的几本散文随笔集,我读过《行水看云》《怅望古今》和《课比天大》三种。这几本书,让我见到了熟悉的和陌生的李浩。我粗粗读过李浩兄赠予的《唐代园林别业考录》《唐代关中士族与文学》等,他在专业上的成就毫无疑问,但我感觉散文的李浩可能大于学术的李浩。这让我想起汪曾祺当年为《蒲桥集》自拟的"广告语":"齐白石自称诗第一,字第二,画第三。有人说汪曾祺的散文比小说好,虽非定论,却有道理。"

关于散文随笔写作,李浩兄自己说过一些话,读者稍不留神,可能就滑过去了。在《怅望古今》的自序中,李浩说:"晚近文化人中,我在学识上虽服膺胡适、陈寅恪、钱穆、熊十力诸公,但在辞章上却更爱梁实秋、余光中、董桥数子。"李浩特别着迷的董桥,是为学者散文别开生面的作家。柳苏80年代曾在《读书》撰文,呼吁"你一定要读董桥"。尽管对董桥有仁智之见,但董桥"文化乡愁"中"对文化之真诚与承诺",在当下语境中弥足珍贵。我并不想比较李浩与董桥,但我以为李浩是读懂了董桥的,而且同样有着"对文化之真诚与承诺",这是李浩散文最重要的价值。无论是读历史、问现实、悟人生、谈学术、论天下,李浩都以赤子之心坚守"对文化之真诚与承诺",如果离开这一点,所谓"知识分子精神"就无从说起。

在李浩兄的夫子自道中,我印象比较深刻的,还是《怅望古今》自序中的一段文字。我以为,这是理解李浩、读懂李浩为何写作散文以及把握李浩散文写作特征的关键。在感悟伊秉绶的题扇诗后,李浩觉得能够不负明月、了悟前因者极少,但他同时追问:"我们是否可以从忙碌中喘息片刻,偶尔抬头眺望窗外:远处浮云端的是太白积雪,更远处迢迢不尽侵古道的是白居易的离愁,是柳永的晓风残月,是崔颢的千载白云。大胆光着脚丫,踩在杜甫的庭院中,你不光可以接历史地气,还可以打通哲学经络,治疗因文化失忆引发的种种疑难杂症。我们可以与杜甫古今通邮,老杜也可以逆意志,尚友他的偶像:'怅望千秋一洒泪,萧条异代不同时。'老杜让我们感动的其实不是辞章技巧,更重要的是人文关怀,是悲天悯人。"这段文字,在解读杜甫中直抒胸臆,申明了自己对"诗人"(也可以说是广义上的文人或人文学者)的本质理解。不妨说,这是李浩兄在散文中塑造的"抒情主人公",一个在杜甫的庭院中悲天悯人的"诗人"形象。如果从专业与散文写作的关系看,我想,李浩兄所研究的"唐诗美学"也在他的散文中打上了深刻的烙印。

确实,作为一个学者的散文随笔,李浩兄渊博的学识是其所长之一。在他的文章中,如《黄陵祭文稿》《学诗记愧》《西北联大述略》《"作家摇篮"碑记》《辛卯清明公祭轩辕黄帝文》《安川高速公路赋》等显示了作者对文言写作的修习,也是对汉语传统的一种致敬。至于他几本集子中类似"讲说存稿""管锥天地"的文字,也是学术随笔的佳作。这些篇什并非李浩散文中的主体,这些文字的重要在于李浩"通邮异代,走进古人文心",这是他《学诗记愧》中的说法。如果历史也是一种文本,那么李浩散文的辽阔则在于"常常默对此文本,神驰彼时空"。按照我的理解,这真是学者写作散文的独特之所在。学者散文的学养,在散文中不是知识体系的运用,更不是掉书袋式的堆砌,而是那样一种在故纸堆中养成的悲天悯人的情怀、从不枯寂的文化乡愁和知人论世的言说方式以及文化上的从容与自信。在李浩兄的文字中,有不少篇什是记读书、访学和著述,或者学者印象,这也是我们值得注意的一部分。在生活越来越格式化以后,我一直关注一个问题,即我们这一代人有没有自己的故事?在我们的故事中我们又如何看待前辈?我在李浩这部分文章中读到了李浩的"自序传"。

以我自己的阅读习惯,我很在意那些能够表达写作者内心纤细和质感的文字,一个作者的内心是否饱满、敏锐和灵动,是否有勃勃生气,在很大程度上是看他能否写出这类文字。《草香》和《做父亲的目送》,是李浩散文中不多的一类作品,但由这两篇散文,我看到了李浩内心的柔和与质感,而且以为李浩在议论文字之外,完全可以写好小品散文,即我们常常说的"美文"。在唐延路漫步的李浩,闻到了"野草本真的味道":"草的味道本来很轻淡很微弱,一般是嗅不到的。特别是在香辣酸甜等各种重口味的肆虐下,我们几乎失去了品味草木本真味道的知觉。犹如在轰鸣嘈杂的城市主旋律中,我们听不到天籁一样。""只有在草木被撕裂、被割断、被移除时,植株的新鲜枝叶也在瞬间断裂,才会流出汩汩的液汁,飘出浓郁的腥味,就像我们平时闻不到血的腥味,只有在屠宰杀戮生命形成创伤时,才有血腥味。草木的血腥味也应该是草木流动液汁的味道吧? 猜想无论是草木的血泪还是草木的血液都应该是这么浓重的腥味吧?"这样的味觉储存了童年的记忆,沉淀着生活的阅历,尤其是在感伤之中倾注了他对人性变异和文化沉沦的忧思。《做父亲的目送》,是一篇让我热泪盈眶的文字,在短小的篇幅中,灌注了最大的感情容量。

李浩兄不故作惊人语,也不作沉思状,更无煽情的文字,因而他的大多数散篇章看似平实或者"干瘦",甚至他自谦"文字也不活泛",但我觉得这是一种表面印象。如果深味,李浩的文章其实充满了内在的张力,在内敛中藏锋芒,平静中亦有几份狂狷。我说的这种张力,源于李浩的写作始终贯穿了一种冲突,在历史与现实、文化与物欲的落差中所形成的冲突,这种落差和冲突构成了李浩散文的内在力量以及他观察世相体悟认识的基本立场。正是在这样的写作中,李浩兄以自己的价值判断和感情取向,完成了他作为一个知识分子的身份认同。这一类文字几乎是李浩散文随笔的大部分,相对集中在文化、大学、学术等。在我读到的李浩作品系列中,《课比天大》是他作为一个思想者和教育家的札记。此类文章,李浩兄常常能够宏观着眼微观落笔,而且都是以朴素的方式来表达思想和学术的识见,也即他"对文化之真诚和承诺"。作为一个在大学体制内的同行,我对李浩兄能够不被械桎所限而自由思想,有着深切的认同。在读李浩兄这类文字时,我体会到他内心深处的矛盾、冲突甚至是痛苦,体会到风生水起后的文化自觉与自信的力量。而这些都落实在生活细节与思想细节之中,这正是散文随笔的魅力所在。

正像李浩兄自己所说的那样:"在当下讲君子不器之类古训,不仅陈义过高,而且有些迂阔冬烘。我将自己的散碎文字辑集,既不是为了情感性的自恋,也不是为了商业性的自炒自售,仅仅是为了印证古籍神皋与清风明月曾给予我的那一份从容和自信。"有如是之思想和如此之文字,让我们在神皋之上明月之下"且行且珍惜",岂不快哉?

(作者系苏州大学文学院教授兼院长、著名文学评论家)

回归原点

——读《课比天大》

朱　鸿

　　仲夏夜获李浩兄所赠新著《课比天大》，知道这是一部以教育为主题的随笔散文集，怦然好奇，可惜当时手下有事，未能立即拜览。

　　我也是一位教师，难免登讲台，授术业，遭遇教育之惑，所以了解李浩兄的所思所想。一朝宽余，遂展卷细读。从西安读到秦皇岛，又读到北京，再读到西安。今之立秋，欣然尽阅。临窗徘徊，不胜感慨，遂吐其心之所发。

　　我和李浩兄一见之下，并非如故。然而路遥日久，终于亲近，这恰恰符合中国古老的一条工匠技艺：铜镜的亮是慢慢磨出来的。开会听其言，茶聚观其行，觉其亦宽亦厚，是教授，是学者，以唐代文学为术业，著作甚丰，尤以唐代诗歌审美、唐代关中士族与文学和唐代园林别业的研究著称，还旁及随笔和散文的写作。

再识李浩,从《课比天大》开始。

此书可以评点处颇多,然而我打算一概省略,甚至要把他非常突出的诗性特点也省略了,虽然这使我产生割爱之痛。李浩兄对大学教育的种种焦虑和思考,也让我心动肠热,并以为此书难能可贵的,正是这一组文章。故本文省略其他,专晒他的教育之论。对闪烁于随笔散文中的才学和诗性,我的欣赏自有一时。

稍微总结,便能看出,举凡教育的基本问题,诸如:学术自由,大学使命,人才培养,学科建设,教学与科学研究的关系,研究生教育与学术伦理,人文学科与科学研究的关系,中文学科的传统及其重构,通识与通才,大学语文与中学语文,他皆有独到感受,自由探索,从而获得明确的认识。

高校存在着以科学研究竞强赛富的倾向,可惜在这个以育人为天职的领域并没有出现多少真正的大家或大师。名师不少,形式主义也不少。肃穆华严的科学研究,于斯竟渐渐沦为论文的制造。由于衡量教师业绩的主要标准是论文,教学遂演变为一团敷衍,上课尤混。言不及术业者有之,让研究生代上者有之,偷工减料者有之,而且比较普遍。李浩兄认为,学校工作千头万绪,然而育人为本,课比天大。他所谓的课比天大,是教学优先,课堂组织优先,主讲教师优先,并以此环环节节,保证对学生的培养。这显然符合教育的逻辑,也是一种道义。高校以论文为重,学生必然为轻。不过在中国,即使学生清楚高校忽悠他们,也只能怨而隐忍。课比天大是耶鲁大学教授的口头禅,李浩兄借而用之,以表达他的主张,自有针砭,更具现实的意义。但愿课比天大能成为中国高校的一种普适信条,如是学生收获丰盈,家长也不吃亏,特别是为国家的未来增加了幸运。

李浩兄分析了大学语文和中学语文的异同,指出大学语文是"语文教育的进阶和升级","要博大精深,要让学生有敬畏感:敬畏经典,敬畏大师,敬畏传统","应上不封顶,天高任鸟飞,海阔凭鱼跃"。经过多年的教学与科学研究实践,他认为"学科建设可分为三个阶段,有三个境界。分别是:有为始能有位,有所为有所不为,无为而无不为"。他强调在提高文化的自觉上,在培养文化的先觉上,大学当有自己的使命,这就是:文化强国先要教育强国,教育强国先要注重大学的教育。优秀文化传承的基本途径是教育,主要途径也是教育,尤其是大学的教育。因为人才的孵化者也是大学教育,文化创新和科技创新的生力军在大学,文化是大学进行人才培养的主要内容,也是决定大学精神和大学质量的基本内涵,而且文化的传承和创新及其对杰出人才的培养,当是大学的永恒主题。李浩兄的这些想法显然是历魂经魄,不但结合了中国大学的境况,而且深入浅出,准确,明晰,让人思索,催人醒悟。

李浩兄自有其大学教育观,提括出来就是,大学教育要回归常识,回归原点。具体可从如下侧面贯彻:其一,圆整思维,其二,超越立场,其三,育人为本,其四,熏习树材,其五,成己立人,其六,顺天致性,其七,乐群谐众,其八,先识后艺,其九,下海从游,其十,不作不食,其十一,知能并重,其十二,深思明辨,其十三,汲古开新,其十四,慈爱自觉,其十五,民胞物与,其十六,参赞化育。这些理念呈递进性,又具系统性,出之国学而融现代教育的精华。

余为教师,教育的问题偶尔也要思考和评议,然而非常惭愧,究竟有什么积极致用的观点呢? 或曰:李浩兄在西北大学执教二十余年,兼做校院系管理工作又十多年,他思考教育问题,有教育理念,也是应该的。李浩兄显然是教育事业的热爱者,他有自己的目标,知道自己的责任,故能以学人的良知对触目所见大学教育的种种现状,力所能及地说实话说真话。

西北大学一百余年的历史上,大家层出,大师云集,已经形成了毓秀之境。这里不拒批评,思想自由,东风劲,西风烈,送爽而拂芳。宽以为大,厚以载物,茂林丰草皆包容之。如是传统,或也有助于形成本书的教育理念与思想吧。

二〇一三年立秋日于窄门堡

(本文作者系陕西省作协副主席、著名散文家)

疼痛的芦苇

杜爱民

关于大学精神和大学使命，学界多年前已展开过集中的研究和辩论。中国语境中的现代学术共同体，涉及学校自治、教授治校与学术自由、思想独立这样的理念，也必然在文化源头上形成自己不同的指向。所谓现代"乌托邦"与没有围墙的大学之间，与当代中国大学教育现实情况所凸显的问题性和问题意识都大异其趣。也许在这个问题上，目前，用下定义的方法无法得到谁都承认的结果，但这并不妨碍围绕着大学所形成的对话交流共同体的生成。也许正因如此，李浩才会有对于《课比天大》的言说。

与既存方式不符但又遏制不住的东西，应该是能给思维以原创动力的东西。《课比天高》属非专业类的跨界写作，多以随感和片段式的思维来触及大学教育的根本，全书绕开了对于大学理念的宏大叙事，从现存大学教育诸多问题的交汇点入手，展开自己的反思。这些思考是零散的,即兴的,现时性的,贯穿于作者的日常生活当中,其背后携带着自己不断的追问,即究竟在现实的环境中做什么,才能有助于中国的大学教育水平的提高。

仅仅提出问题,指出其中的弊端和体制方面的缺陷还远远不够;同样,涉及当代大学教育,只从理念上进行梳理也会显得欠缺。《课比天大》面对的大学问题,首先是一个个人实践的问题,从个体所处的位置和行为实践出发,来感受、认识、思考,并且改变个人范畴内的行为方式,以此来获得使既存问题得到改变的可能。

指出应试教育的种种积弊是比较容易的,重要的是解决这些问题,代之以科学教育的路径究竟又何在。李浩在《课比天大》中,记录了自己从事研究、教学、游学以及参与学校管理过程中的诸多感受与思考。"既特立独行,又滋兰树蕙",这是台湾大学校徽的启示,也是他对傅斯年的解读。在台大及傅馆、傅室和傅园、傅钟面前如缕的意绪,让他看到一介书生,将毕生精力投入学术共同体的构建与管理,推动现代国家的学术自由、社会民主、政府清廉、体制规范等,应当从何来担当。无疑,傅斯年的例子给了李浩以启示,也为他在此基础上展开自己的思考和个人实践提供了坐标。

谈及大学精神与大学教育,自然会形成东西方之间的文化比较,这几乎成为论及此类问题的一个固定的范式。中国的教育在脱离了苏联模式之后,尚未完全走出新的道路。拥有国子监传统和意识形态色彩浓重的大学,如何克服早期"速成教育"、苏联式的专业学科划分,以及当下的短视与急功近利和日趋官僚化的治理方式? 我们必然会拿中世纪以来形成的欧洲大学传统与之相比较。这其中的差异和距离是明显的,也往往是在这样一个对比的语境中,才形成了当下各自对于大学改革的治理方案。李浩先生也是沿着这一路径,来展开自己对于大学的思考,所不同的是,在他的方案中,汲取了更多的中国传统与经验,那些依然有活力的思想资源,成为他构织新的大学教育网系的重要结点。

"塑造有思想的公民"或许是最大的公约数,在此基础上,《课比天大》提出了自己的教育观点:即以圆整思维来克服线性思维的单向度,建立复杂立体的科学思维,清理进化论在教育思维方面的消极影响;突出大学教育的超越立场,让大学只对永恒做出承诺。围绕着对于学生的培养,李浩对育人为本、熏习树材、成己立人、顺天致性、先识后艺、知能并重、深思明辨、慈爱自觉、民胞物与和参赞化育等这些源头活水里的教育文化资源如何在现今的大学中得到有效的贯彻,给出了自己的主张。他并非只是坐而论道,而是结合现今大学课堂教学、通识教育、经典研读,以及教材的多元化等在具体实践环节上如何应用,提出了自己的看法,从而使对大学的思考能够深入到教学实践的要害上,既有清晰的理论分析,又有操作层面的刚性设计,读来令人深受启发。

跨界式的片段思维写作,意味着另一种更为深广的历史感的汇合。与纯专业的写作不同,作者不再躲藏在文本的背后,不再是一个冷漠而又高高在上的主体。李浩在书中自称自己是一棵疼痛的芦苇,是一个有血有肉的对话者,时而以反智的方式重建被理性剔除的思维本身,时而又用自己的坚忍来经历内心黑夜式的精神体验,时而又以思维"短路"的火花来点燃体悟认知的烈焰。在《课比天大》里,有一个新的向度,即作者作为写作的主体,同样还在与自我的关系中得到了新的构建,而文本,正是自我与他者和外部世界相互交织的见证之地。诚如笛卡尔所言:一个作者要想通往真理,只要成为任何一个能够看到显现之物的主体,就足够了。从这一点出发,回到关于大学教育的话题,《课比天大》展现出了能够看得见和听得见,在当下真正的难度,也映射出大学教育的改革,在今天更多地应当从"无用之用"去入手。

可以把李浩在《课比天大》里的写作看成是他自身面对可能之事所做的准备。书写者把看到或听见的东西转变成了"组织或血液";他的文本意味着自己对于所关注之物的凝视,并且已将目光对准了自己未来的读者,即那些有可能成为《课比天大》发出之后的准收信者。我们需要进一步追问的是:我们是否做好了准备?

(本文作者系西安市作协副主席、著名作家)

后　记

　　又到了为一册小书划句号的时候了。像旧日嫁姑娘一样，千叮咛万嘱咐，但终有一别。嫁出去的姑娘并不是泼出去的水，永远还是自家骨血。写完了的稿子总要流落到人间，行过千山万水，别人待见不待见，理解不理解，你真的插不上手，也管不了许多了。天要下雨，女儿要嫁人，就由着她去吧。

　　贫女巧梳妆。与前面的几个系列稍有不同，这一册的主要部分是围绕着一个大的意思，尽量要把同一个意思的稿件凑齐，也大体上是我从2010年以来非专业类文章的结集。此前关于大学教育也写了几篇，分散在其他几册中，这里将题目列出，意在说明我对大学教育的思考由来已久。

　　大雅：传统文化视域中的高等教育资源
　　教师的三重境界
　　师德四维

哈佛的两个细节

大学与大楼

评估危机的破解

嘱咐与希望

谈游学

　　在别人看来,于专业之外投入极多的精力干这些不记工分、不打粮食的浑闲事,真是不可思议。我所在的学术机构与其他相当部分内地高校类似,教授撰写这些非专业的文字不列入工作量统计范围。

　　在没有压力和功利目标下所为,又有一点兴趣,应该是一件轻松的活计,但立下专题开始工作后,发现并非如此。姑且不说学理与知识储备的先天不足,就连时间和精力也不能保证。绝大多数文字是利用寒暑假、双休日和每天八小时之外的时间写就的。呈现出的文字有时很粗糙,正是行色匆匆的痕迹。有些成形的文字虽然很简短,也很清浅,但实际写作过程却很苦涩,也很无聊。

　　叹年来踪迹,忙忙碌碌,把生命间隙的水分全挤干了。生活无色彩,文字也不活泛,与我倡导的慢生活适成相反,与我预想的文字模样也有了很大的差距。就像怀中抱着一个孩子,忽然有一天,瞅着瞅着,越看越不像自己。对自己成长中孩子的顽劣模样,我真有点喜欢不起来。

后　记

最后是致谢。《光明日报》《中国社会科学报》《中国科学报》《陕西日报》《西安晚报》《美文》《随笔》等报刊的朋友们为我的思想和文字提供了展演的平台,感谢他们多年来的鼓励。我在文章之后刻意记下原刊的时间与报刊名称,一是遵循学术规范,再则也是铭记这份厚重的学术友谊。循前几册例,本册特收入王尧、朱鸿、杜爱民几位老友的评介文章,感谢他们的专业批评和热情鼓励。本书在三联书店结集出版,要归功于三联的领导们。编校质量的保证,则要归功于责编。

2013 年 4 月 6 日草成

本册初刊后引起各方面的关注,也给了我很多鼓励,有些鼓励没有直接转化为动力,而是间接变成了一种压力,重印时又补了几篇,大体上反映了近几年非专业文字的概貌。后之视今,或许也能从这些芜杂的草丛中一窥这一时期士人生存状态的几个面相。

2014 年 3 月 11 日

课比天大